AF206800

Impressum
Verlag: BABADADA GmbH, Nedderfeld 112 , 22529 Hamburg
Geschäftsführer / Verlagsleitung: Harald Hof
Druck: Books on Demand GmbH, In de Tarpen 42, 22848 Norderstedt

Imprint
Publisher: BABADADA GmbH, Nedderfeld 112 , 22529 Hamburg, Germany
Managing Director / Publishing direction: Harald Hof
Print: Books on Demand GmbH, In de Tarpen 42, 22848 Norderstedt

l'école

ቤት-ትምህርቲ

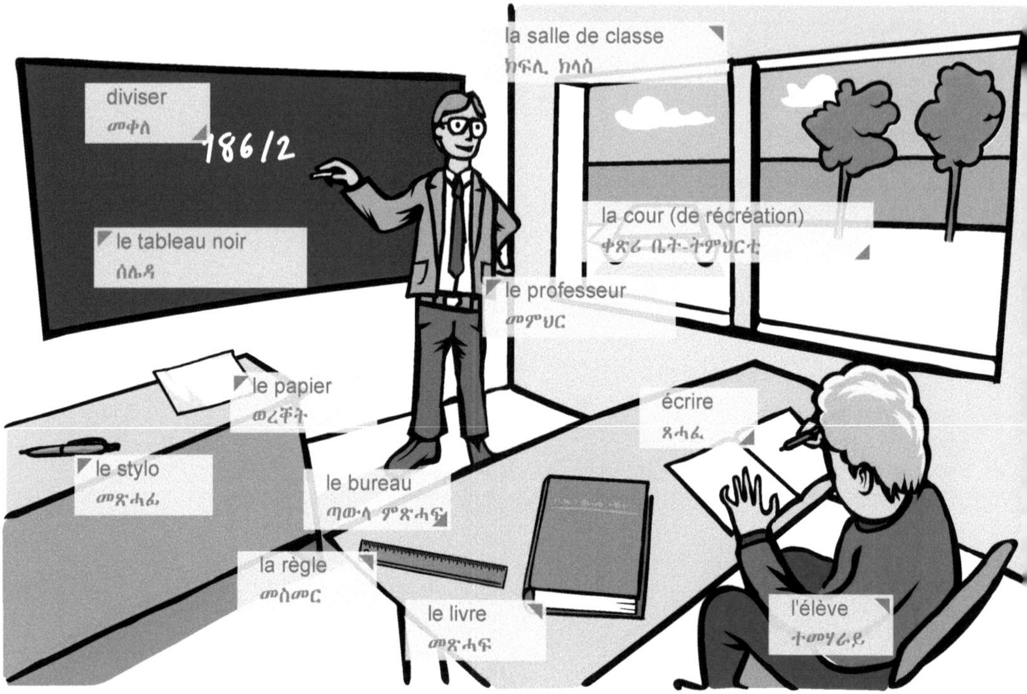
la salle de classe
ክፍሊ ክላስ
diviser
መቀለ
186/2
le tableau noir
ሰሌዳ
la cour (de récréation)
ቀጽሪ ቤት-ትምህርቲ
le professeur
መምህር
le papier
ወረቐት
écrire
ጸሓፈ
le stylo
መጽሓፊ
le bureau
ጣውላ ምጽሓፍ
la règle
መስመር
le livre
መጽሓፍ
l'élève
ተመሃራይ

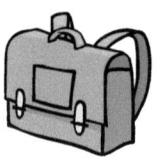

le cartable

ሳንጣ ትምህርቲ

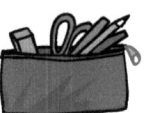

la trousse

ሰፈር ብርዒ

le crayon

ርሳስ

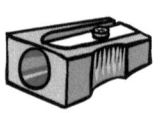

le taille-crayon

መብልሒ ርሳስ

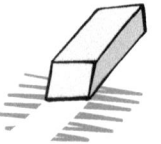

la gomme

መደምሰሲ

le carnet à dessin

ጥራዝ ስእሊ

le dessin

ስእሊ

le pinceau

ብርዒ ቀለም

la boîte de peinture

ቦክስ ቀለም

les ciseaux

መቐስ

la colle

መጣበቒ

le cahier d'exercices

ጥራዝ መላመዲ

les devoirs

ዕዮ ገዛ

le chiffre

ቁጽሪ

additionner

ወሰኸ

soustraire

ጎደለ

multiplier

ረብሐ

calculer

ደመረ

la lettre

ፊደል

l'alphabet

ስርዓት ፊደላት

le mot

ቃል

le texte

ጽሑፍ

lire

ኣንበበ

la craie

ኩርሽ

la leçon

ሰዓት

le livre de classe

መዝገብ ክላስ

l'examen

መርመራ

le certificat

ሰርቲፊከት

l'uniforme scolaire

ድቢዛ ቤት-ትምህርቲ

la formation

ትምህርቲ

le lexique

ለክሲኮን

l'université

ዩኒቨርሲቲ

le microscope

ሚክሮስኮፕ

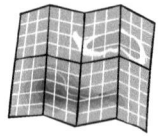

la carte

ካርታ

la corbeille à papier

ጎሓፍ ወረቐት

le voyage

መገሻ

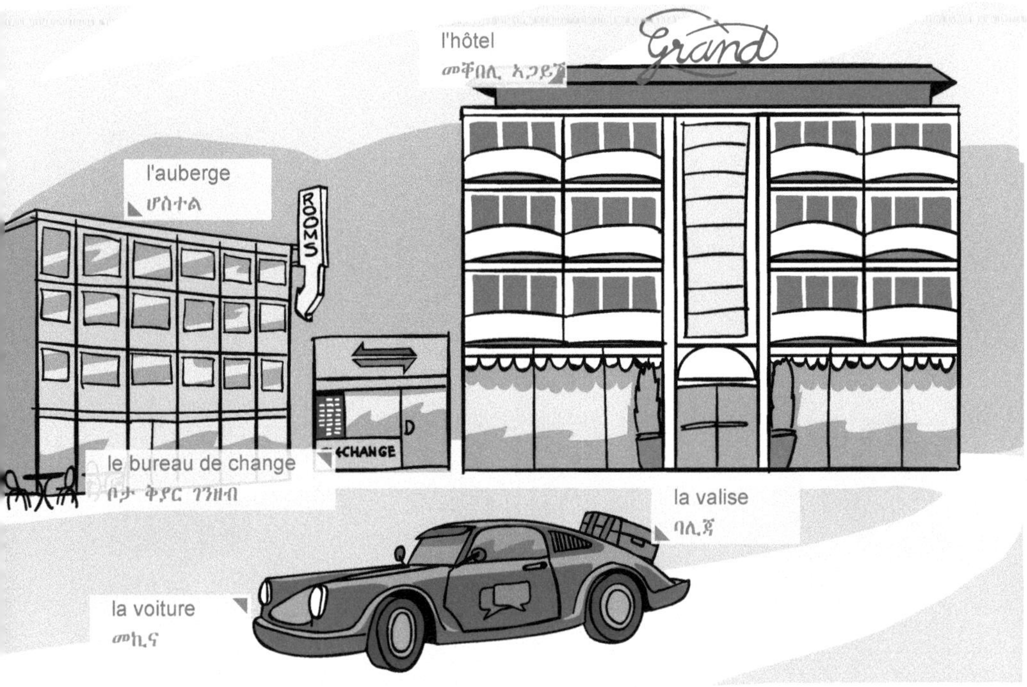

l'hôtel
መቐበሊ ኣጋይሽ
Grand
l'auberge
ሆስተል
ROOMS
le bureau de change
ቤት ቅያር ገንዘብ
CHANGE
la valise
ባሊጃ
la voiture
መኪና

la langue

ቋንቋ

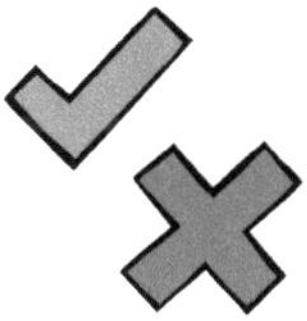

oui / non

እወ / ኖ

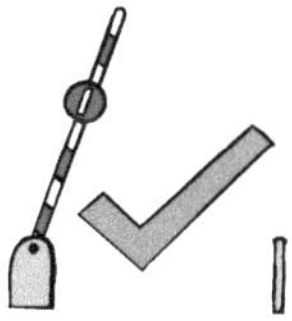

d'accord

ሕራይ

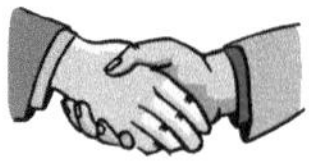

Salut

ሰላም

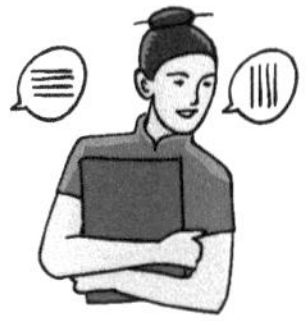

l'interprète

ኣስተርጓሚ

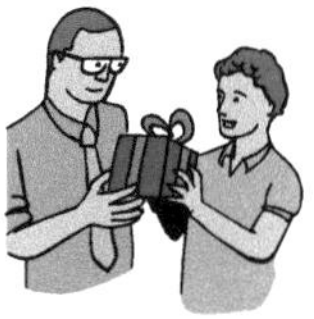

merci

የቐንየለይ

Combien coûte...?

. . . ክንደይ ዋግኡ?

Je ne comprends pas

አይተረድኣኹን

le problème

ሽግር

Bonsoir !

ሰላም ምሽት!

Bonjour !

ከመይ ሓዲርካ

Bonne nuit !

ሰላም ለይቲ

Au revoir

ደሓን ኩን

la direction

ኣንፈት

les bagages

ጉዓዝ

le sac

ሳንጣ

le sac-à-dos

ሳንጣ ሕቖ

l'hôte

ጋሻ

la pièce

ክፍሊ

le sac de couchage

ክሻ መደቐሲ

la tente

ቴንዳ

l'office de tourisme

ሓበሬታ በጻሕቲ ሃገር

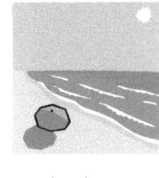

la plage

ገምገም ባሕሪ

la carte de crédit

ክሪዲት ካርድ

le petit-déjeuner

ቁርሲ

le déjeuner

ምሳሕ

le dîner

ድራር

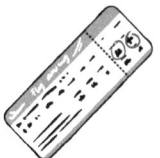

le billet

ቲከት

l'ascenseur

ሊፍት

le timbre

ማሕተም ደብዳበ

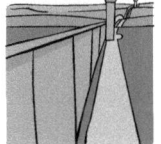

la frontière

ዶብ

la douane

ድንና

l'ambassade

ኤምባሲ

le visa

ቪዛ

le passeport

ፓስፖርት

le voyage - መገሻ

le transport

መጓዓዝያ

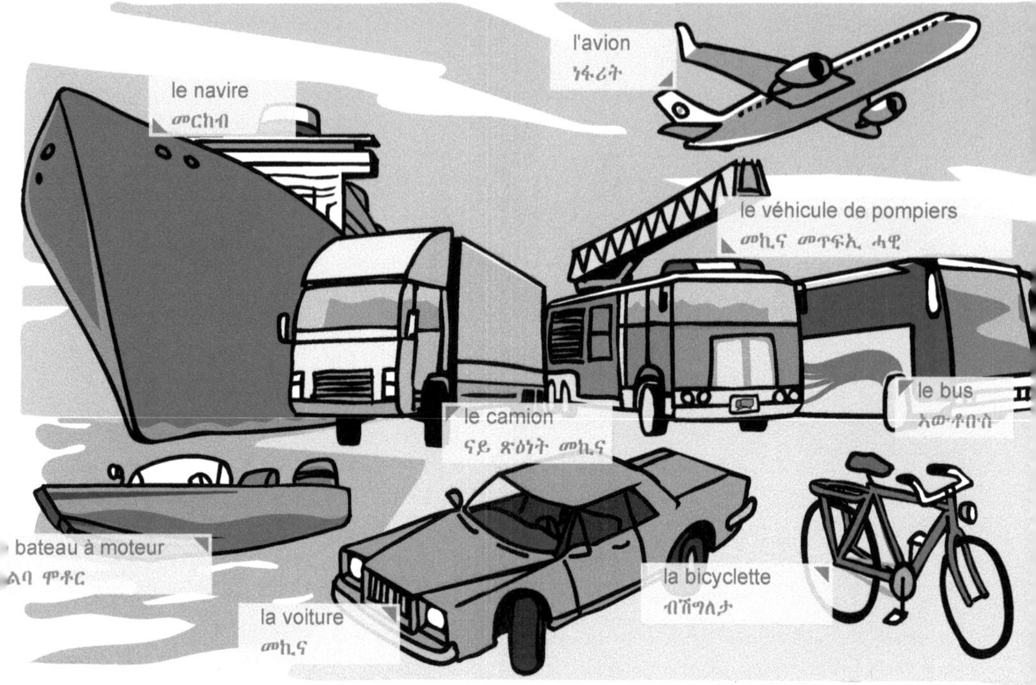

l'avion
ነፋሪት
le navire
መርከብ
le véhicule de pompiers
መኪና መጥፍኢ ሓዊ
le bus
ኣውቶቡስ
le camion
ናይ ጽዕነት መኪና
bateau à moteur
ልባ ሞቶር
la bicyclette
ብሽግለታ
la voiture
መኪና

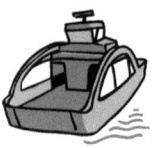

le ferry

ፌሪ

la barque

ጃልባ

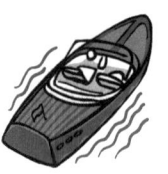

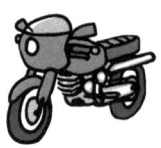

la moto

ሞቶ

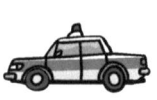

la voiture de police

መኪና ፖሊስ

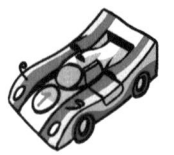

la voiture de course

መኪና ቅድድም

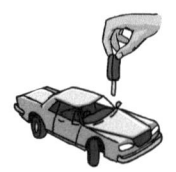

la voiture de location

ክራይ መኪና

l'auto-partage

ምውፋይ መካይን

la voiture de remorquage

መወሰዲ መኪና

la benne à ordures

መኪና ጎሓፍ

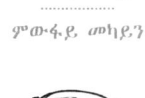

le moteur

ሞቶር

l'essence

ነዳዲ

la station d'essence

እንዳ ነዳዲ

le panneau indicateur

ምልክት ትራፊክ

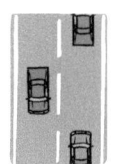

le trafic

ትራፊክ

l'embouteillage

ምጭቅጫቅ ትራፊክ

le parking

መዐሸጊ መኪና

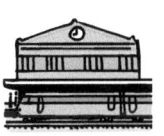

la gare

መዕረፊ ባቡር

les rails

ሓዲግ

le train

ባቡር

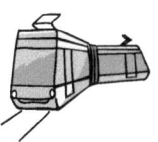

le tramway

ትረም

le wagon

ባጎኒ

l'hélicoptère

ሄሊኮፕተር

l'aéroport

መዓረፈ ነፈርቲ

la tour

ታወር

le passager

ተጓዓዚ

le conteneur

ኮንተይነር

le carton

ሳንዱቕ ካርቶን

le chariot

ኮርሳ ጽዕነት

la corbeille

ዘንቢል

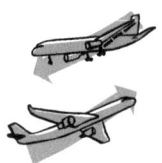

décoller / atterrir

ተበገሰ / ዓለበ

la ville

ከተማ

le village

ቀኣሻት

le centre-ville

ማእከል ከተማ

la maison

ገዛ

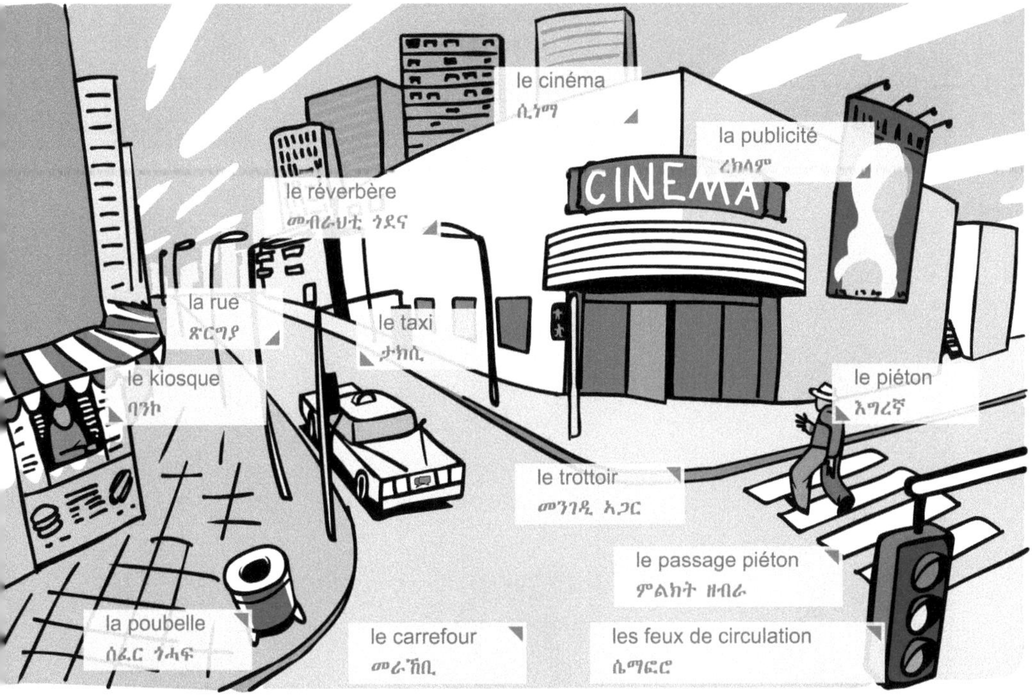

le cinéma
ሲኒማ

la publicité
ረክላም

le réverbère
መብራትሃቲ ጎደና

la rue
ጽርግያ

le taxi
ታክሲ

le kiosque
ባንኩ

CINEMA

le piéton
እግረኛ

le trottoir
መንገዲ አጋር

le passage piéton
ምልክት ዘብራ

la poubelle
ሰፈር ጎሓፍ

le carrefour
መራኸቢ

les feux de circulation
ሴማፍሮ

la cabane

አጉዶ

l'appartement

አፓርትመንት

la gare

መዕረፊ ባቡር

la mairie

ቤት ምምሕዳር

le musée

ቤተ መዘክር

l'école

ቤት-ትምህርቲ

l'université

ዩኒቨርሲቲ

la banque

ባንክ

l'hôpital

ሆስፒታል

l'hôtel

መቆበሊ አጋይሽ

la pharmacie

ቤት መድሃኒት

le bureau

ቤት ጽሕፈት

la librairie

ዱኳን መጽሓፍቲ

le magasin

ዱኳን

le fleuriste

ዱኳን ዕንባባ

le supermarché

ሱፐርማርከት

le marché

ዕዳጋ

le grand magasin

ሹቅ

la poissonnerie

ነጋዳይ ዓሳ

le centre commercial

ሹቅ

le port

መርሳ

le parc

መዘናግዒ

la banque

ባንኪ

le pont

ድልድል

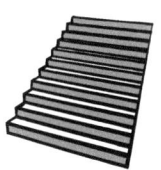

les escaliers

መደያይቦ

le métro

ባቡር ትሕቲ ምድሪ

le tunnel

ቢንቶ

l'arrêt de bus

መዕረፊ አውቶቡስ

le bar

ቤት መስተ

le restaurant

ቤት-መግቢ

la boîte à lettres

ስታሪት

le panneau indicateur

ታቤላ

le parcmètre

ሰዓት ፓርኪንግ

le zoo

መካነ እንስሳታት

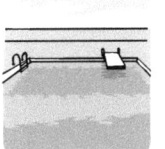

le réverbère

መሓምበሲ

la mosquée

መስጊድ

la ferme

ቤት ሕርሻ

la pollution

ብክላ

la cimetière

መቓበር

l'église

ቤተክርስትያን

l'aire de jeux

ቦታ ምጽዋት

le temple

ቤት መቕደስ

le paysage
ስእሊ መሬት

la feuille
ኣቝጽልቲ

le panneau indicateur
መሕበሪ መገዲ

le chemin
መገዲ

le pré
ሜዳ

la pierre
እምኒ

l'arbre
ኣግራብ

le randonneur
ኮብላሊ

la rivière
ፈለግ

l'herbe
ሰዓሪ

la fleur
ዕንባባ

la vallée

ስንጭሮ

la montagne

ጎቦ

le lac

ቀላይ

la forêt

ዱር

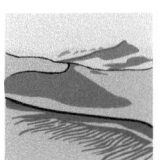

le désert

ምድረ በዳ

le volcan

እሳተ-ጎመራ

le château

ግምቢ

l'arc-en-ciel

ቀስተ-ደመና

le champignon

ቃንጥሻ

le palmier

ዓርኮብኮባይ

le moustique

ጣንጡ

la mouche

ሃመማ

les fourmis

ጻጸ

l'abeille

ንህቢ

l'araignée

ሳሬት

le coléoptère

ሕንዚዝ

la grenouille

ዕንቅርዖብ

l'écureuil

ም፝ጽጹሳይ

le hérisson

ቅንፍዝ

le lièvre

ማንቲለ

la chouette

ጉንጎ

l'oiseau

ጭሩ

le cygne

ስዋን

le sanglier

መፍለስ

le cerf

ዓጋዘን

l'élan

ሙስ

le barrage

ግድብ

l'éolienne

ተርባይን ንፋስ

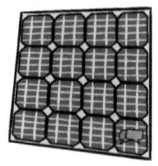

le panneau solaire

ሶላር ስርሓት

le climat

ኩነታት አየር

le serveur
አሰላፊ

le menu
ካርታ
መግብታት

la chaise
መንበር

la soupe
መረቕ

la pizza
ፒትሳ

les couverts
መመታተሪ

la nappe
ክዳን ጣውላ

les hors d'œuvre
ቅድመ ቀንዲ መግቢ.

le plat principal
ቀንዲ መኣዲ

le dessert
ድሕረ መግቢ.

les boissons
መስተ

l'alimentation
መግቢ.

la bouteille
ጥርሙዝ

le fast-food

ስሉጥ መግቢ

les plats à emporter

መግቢ ጽርግያ

la théière

ብርጭቆ ሻሂ

le sucrier

ታኒካ ሹኮር

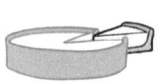

la portion

ክፋል

la machine à expresso

ማሺን ኤስፕሬሶ

la chaise haute

ነዊሕ መንበር

la facture

ጸብጸብ

le plateau

ታብለት

le couteau

ካራ

la fourchette

ፉርከታ

la cuillère

ማንካ

la cuillère à thé

ማንካ ሻሂ

la serviette

ሰርቪየተ

le verre

ብኬሪ

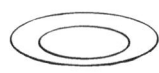

l'assiette

ሸሓኒ

l'assiette à soupe

ሸሓኒ መረቕ

la soucoupe

ትሕቲ ኩባያ

la sauce

ጸብሒ

la salière

ወሃቢ ጨው

le moulin à poivre

መጥሓን በርበረ

le vinaigre

አቾቶ

l'huile

ዘይቲ

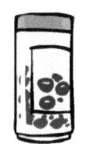

les épices

ቀመም

le ketchup

ከቹፕ

la moutarde

ኣድሪ

la mayonnaise

ማዮኒዝ

le supermarché

ሱፐርማርኬት

l'offre promotionnelle
ወፈያ
FOR
le client
ዓሚል
les produits laitiers
ፍርያታት ጸባ
les fruits
ፍረታት
le chariot
ሰረገላ ዱኳን

BUTCHERS

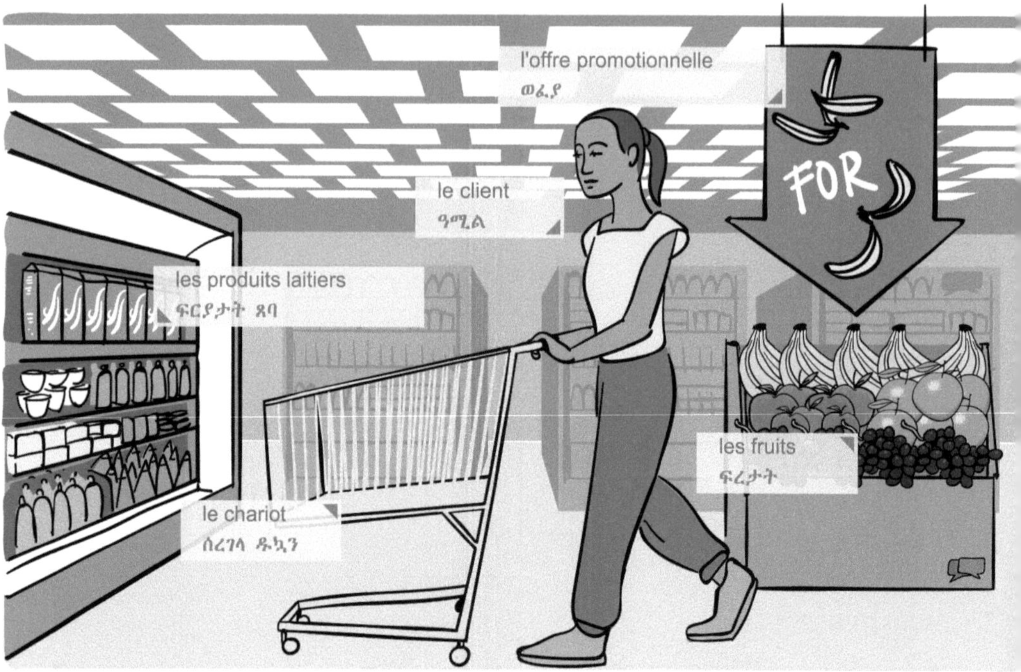

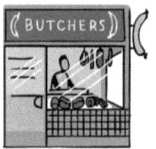

la boucherie

እንዳ ስጋ

BAKERY

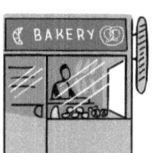

la boulangerie

እንዳ ባኒ

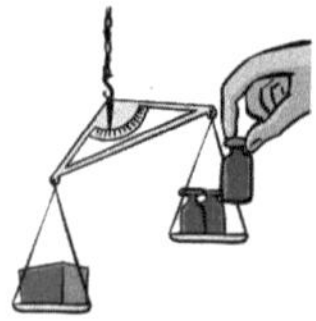

peser

ክብደት

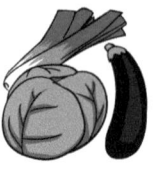

les légumes

አሕምልቲ

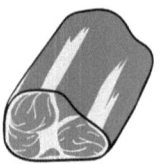

la viande

ስጋ

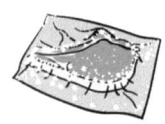

les aliments surgelés

መግቢ ፍሪጅ በረድ

la charcuterie

ዝሑል ቅሩብ መግቢ

les conserves

እስታጥላ

la poudre à lessive

ኦሞ

les bonbons

ምቁር መግቢ

les articles ménagers

ዘቤታውያን ኣቑሑ

les détergents

ናውቲ መጽረዪ

la vendeuse

ሸቃጣይ

la caisse

ካሳ

le caissier

ተሓዝ ገንዘብ

la liste d'achats

ዝርዝር ምግዛእ

les heures d'ouverture

ክፉት ሰዓታት

le portefeuille

ማሕፉዳ

la carte de crédit

ክረዲት ካርድ

le sac

ሳንጣ

le sac en plastique

ፌስታል

l'eau
....
ማይ

le jus de fruit
....
ጭማቆ

le lait
....
ጸባ

le coca
....
ኮላ

le vin
....
ነቢት

la bière
....
ቢራ

l'alcool
....
አልኮል

le chocolat chaud
....
ካካው

le thé
....
ሻሂ

le café
....
ቡን

l'expresso
....
ኤስፕረሶ

le cappuccino
....
ካፑቺኖ

la banane

ባናና

la pomme

ቱፋሕ

l'orange

አራንሺ

le melon

ብርጭቆ

le citron.

ለሚን

la carotte

ካሮት

l'ail

ጸዕዳ ሽጉርቲ

le bambou

ባምቡስ

l'oignon

ሽጉርቲ

le champignon

ቅንጥሻ

les noisettes

ፉል

les pâtes

ፓስታ

les spaghetti

ስፓጌቲ

le riz

ሩዝ

la salade

ሰላጣ

les pommes frites

ቅልዋ ድንሽ

les pommes de terre rôties

ቅሉው ድንሽ

la pizza

ፒትሳ

le hamburger

ሃምቡርገር

le sandwich

ፓኒኖ

l'escalope

ቢስተካ

le jambon

ሰለፍ ሓሰማ

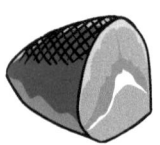

le salami

ሳላሚ

la saucisse

ግዕዝም

le poulet

ደርሆ

le rôti

ቀለወ

le poisson

ዓሳ

les flocons d'avoine

ገዓት

le muesli

ሙስሊ

les cornflakes

ኮርንፍለይክስ

la farine

ሓርጭ

le croissant

ክሮሶን

les petits-pains

ባኒ

le pain

ባኒ

le pain grillé

ቶስት

les biscuits

ብሽኮቲ

le beurre

ጠስሚ

le fromage blanc

ርጎአ

le gâteau

ኬክ

l'œuf

እንቋቍሖ

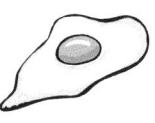

l'œuf au plat

ቅሉው እንቋቍሖ

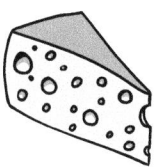

le fromage

ፋርማጆ

la glace
አይስ ክሪም

le sucre
ሹኮር

le miel
መዓር

la confiture
ጄም

la crème nougat
ኑጋት-ክሬም

le curry
ኩሪ

la ferme

ቤት ሕርሻ

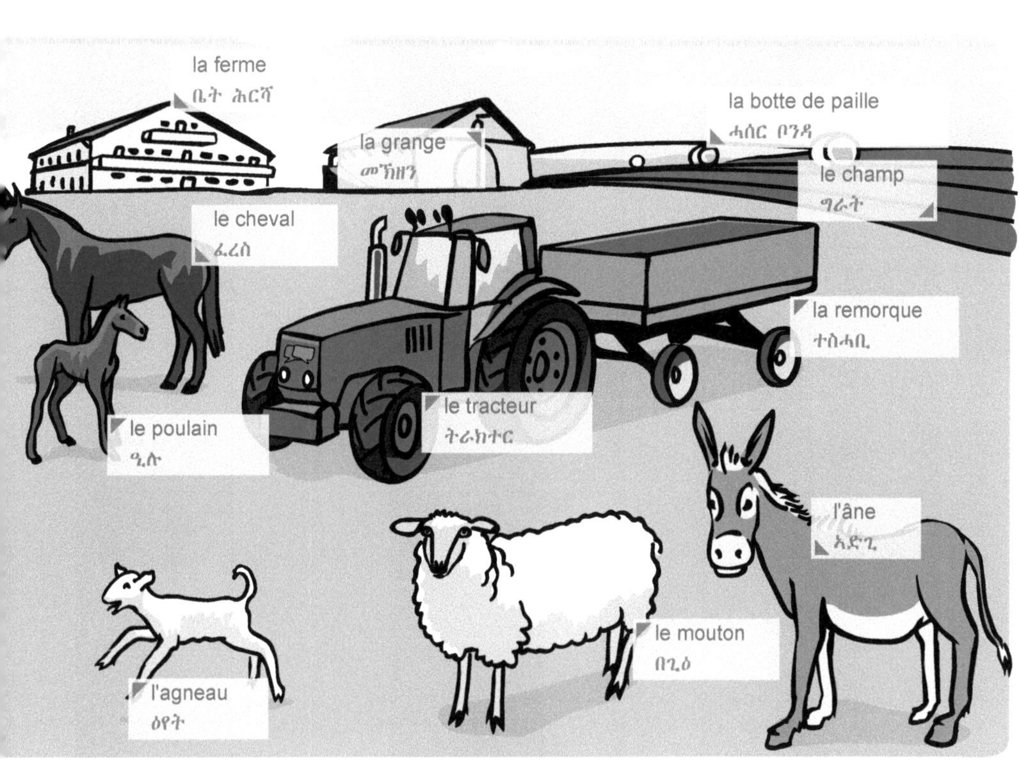

la ferme
ቤት ሕርሻ
la grange
መኽዘን
la botte de paille
ሓሰር ቦንዳ
le champ
ግራት
le cheval
ፈረስ
la remorque
ተስሓቢ
le tracteur
ትራክተር
le poulain
ዒሉ
l'âne
ኣድጊ
le mouton
በጊዕ
l'agneau
ዕየት

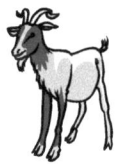

la chèvre

ጤል

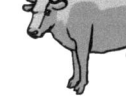

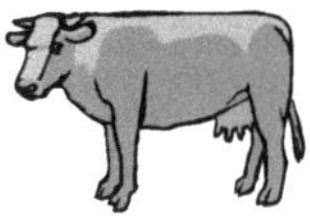

la vache

ብዕራይ

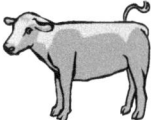

le veau

ምራኽ

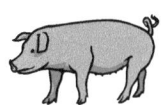

le porc

ሓሰማ

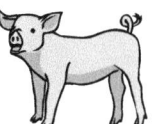

le porcelet

ውላድ ሓሰማ

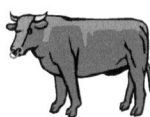

le taureau

ኣርሓ

l'oie

ዓሳ

le canard

ማይ ደርሆ

le poussin

ጪቑሊት

la poule

ደርሆ

le coq

ኣርሓ ደርሆ

le rat

ኣንጨዋ ዓባይ

le chat

ድሙ

la souris

ኣንጨዋ

le bœuf

ብዕራይ

le chien

ከልቢ

le chenil

ኣጕዶ ከልቢ

le tuyau de jardin

ቱባ ጀርዲን

l'arrosoir

መዝሊፊ ማይ

la faucheuse

ዓቢ ማዕጺድ

la charrue

ማሕረሻ

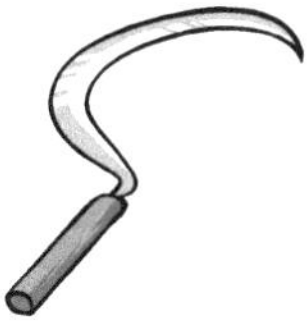

la faucille

....

ማዕጺድ

la pioche

....

ጭኽሮ

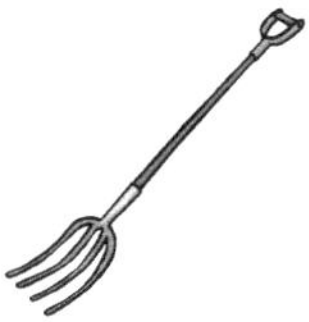

la fourche

....

መስአ

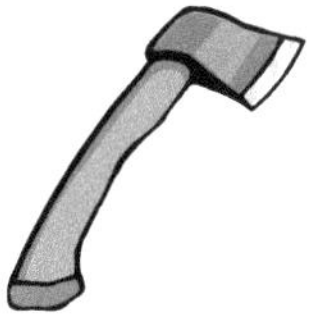

la hache

....

ፋስ

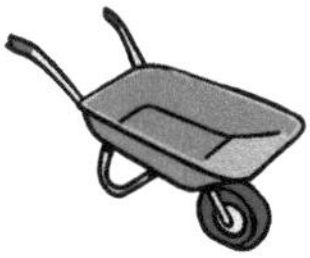

la brouette

....

ዓረብያ ኢድ

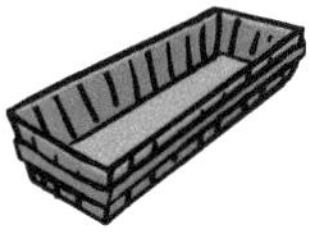

la cuve

....

ጋብላ

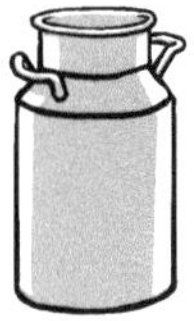

le pot à lait

....

ብርጭቆ ጻባ

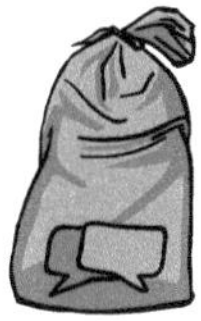

le sac

....

ክሻ

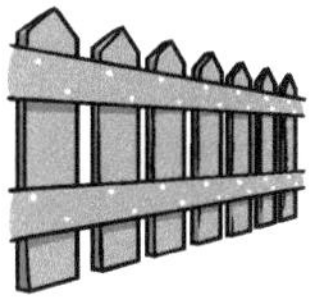

la clôture

....

ሓጹር

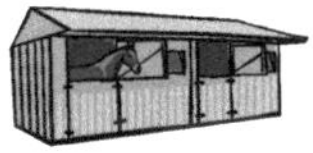

l'étable

....

መጓሰስ

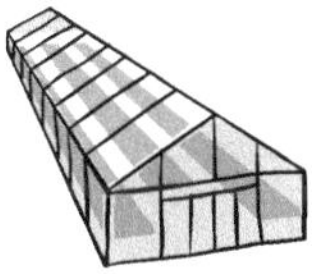

le serre

....

ቐጠልያ ገዛ

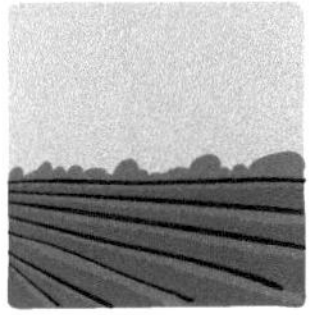

le sol

....

ባይታ

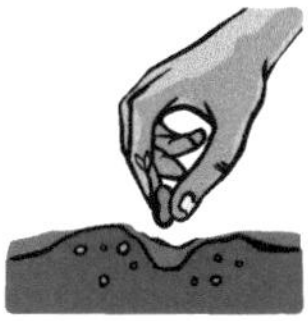

les semences

....

ዘርኢ

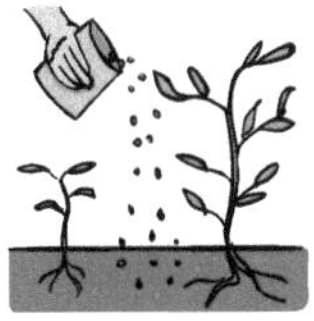

l'engrais

....

ድኹዒ

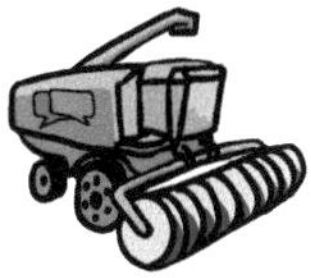

la moissonneuse-batteuse

....

ዘጣምር ቀውዓይ

récolter

ቀውስ

la récolte

ጸጋ

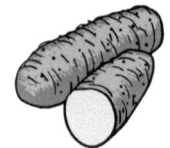

l'igname

ድንሽ ያም

le blé

ስርናይ

le soja

ሶያ

la pomme de terre

ድንሽ

le maïs

ዕፉን

le colza

ራፕስ

l'arbre fruitier

ገረብ ፍረታት

le manioc

ማኒኦክ

les céréales

ኣእኻል

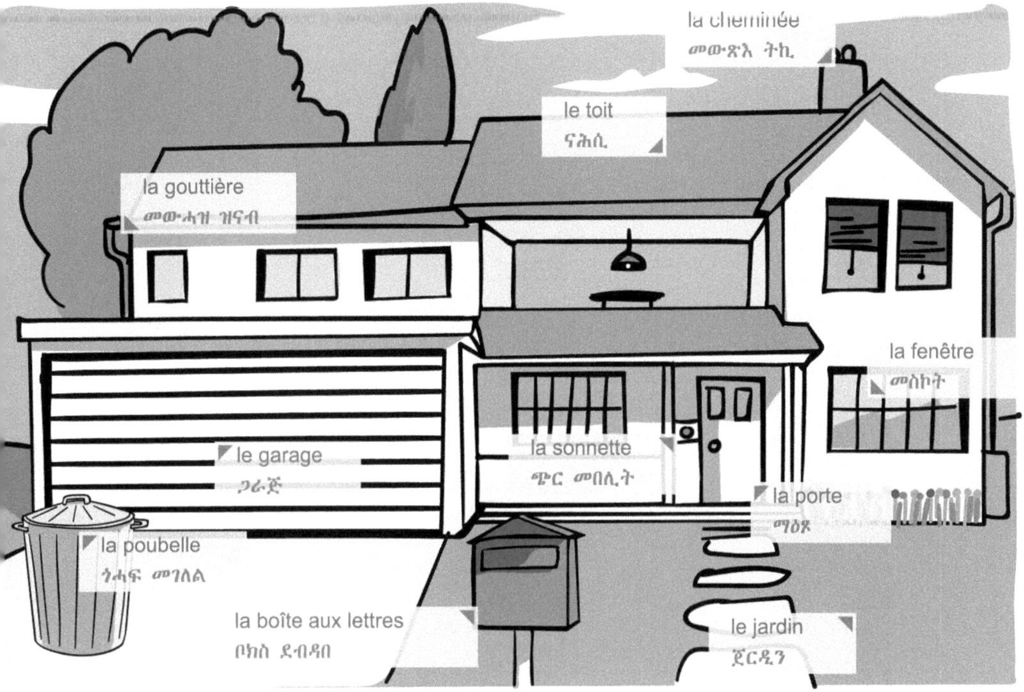

la cheminée
መውጽእ ትኪ

le toit
ናሕሲ

la gouttière
መውሓዝ ዝናብ

la fenêtre
መስኮት

le garage
ጋራጅ

la sonnette
ጭር መበሊት

la porte
ማዕፆ

la poubelle
ጎሓፍ መገለል

le jardin
ጀርዲን

la boîte aux lettres
ቦክስ ደብዳቤ

le salon

ክፍሊ ምቕማጥ

la salle de bain

ክፍሊ ባንዮ

la cuisine

ክሽን

la chambre à coucher

ክፍሊ መደቀሲ

la chambre d'enfant

ክፍሊ ቆልዑ

la salle à manger

መመገቢ ክፍሊ

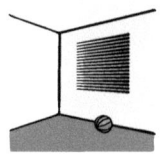

le sol

ባይታ

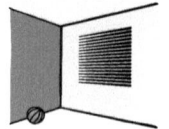

le mur

መንደቅ

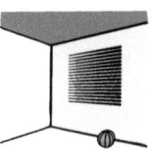

le plafond

ከቦርታ

la cave

ካንቲና

le sauna

ሳውና

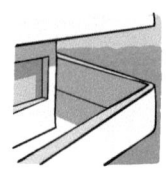

le balcon

ባልኮን

la terrasse

ዛላ

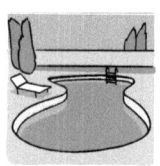

la piscine

መሕምበሲ

la tondeuse à gazon

መቖረጺ ሳዕሪ

la housse

ኣንሶላ ዓራት

la couette

ከቦርታ ዓራት

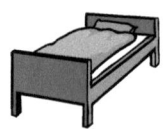

le lit

ዓራት

le balai

መኾስተር

le sceau

መገለል

l'interrupteur

መወልዒት

le salon

ክፍሊ ምቕማጥ

le papier peint
ወረቐት መንደቕ
l'image
ስእሊ
la lampe
ላምፓ
l'étagère
ከብሒ
l'armoire
ከብሒ
la télé
ተለቪዥን
la cheminée
መውጽኢ ትኪ ኣብ ገዛ
la fleur
ዕንባባ
le coussin
መተርኣስ
le sofa
ሳሎን
le vase
ባዞ
la télécommande
ሪሞት

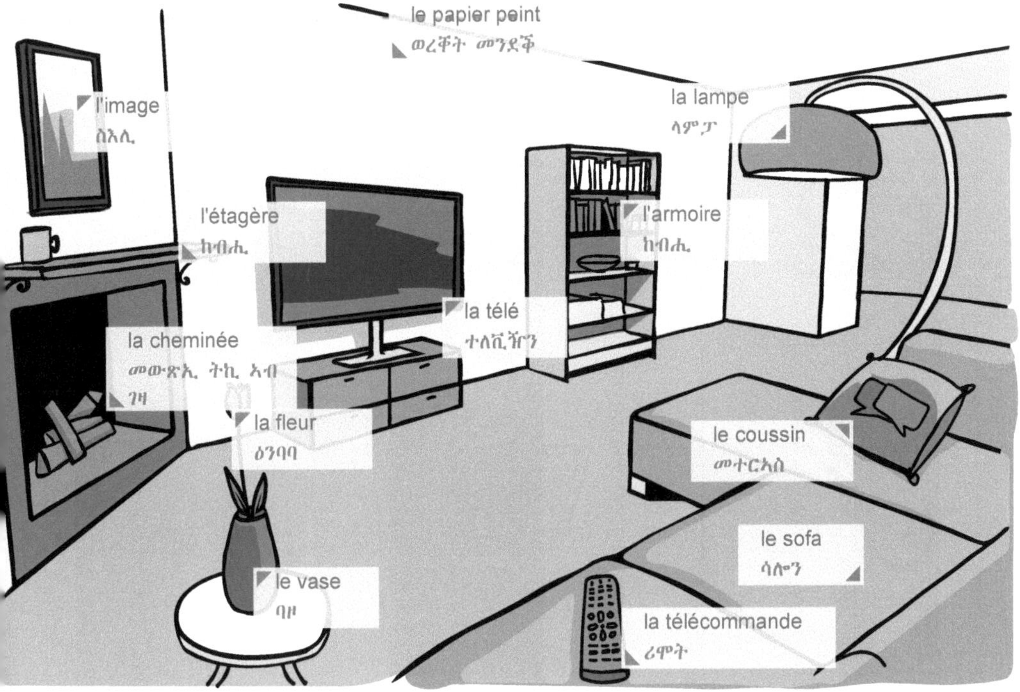

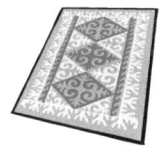

le tapis

መንጸፍ

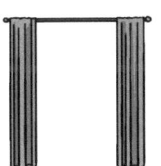

le rideau

መጋረጃ

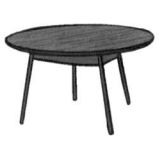

la table

ጣውላ

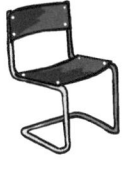

la chaise

መንበር

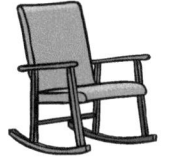

la chaise à bascule

ሰለል ዝብል መንበር

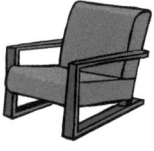

le fauteuil

መንበር ምቹእ

le livre

መጽሐፍ

la couverture

ከበርታ

la décoration

ስልማት

le bois de chauffage

እንጨይቲ ሓዊ

le film

ፊልም

la chaîne hi-fi

ስተረዮ

la clé

መፍትሕ

le journal

ጋዜጣ

la peinture

ቕብኣ

le poster

ፖስተር

la radio

ሬድዮ

le bloc-notes

ጥራዝ

l'aspirateur

መልገሲ ደርና

le cactus

በለስ

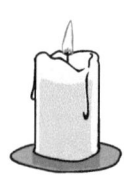

la bougie

ሽምዓ

la cuisine

ክሽነ

le réfrigérateur
መዝሓሊ
le four à micro-ondes
ሚክሮቨላ
la balance de cuisine
ሚዛን ክሽነ
le grille-pain
ቶስተር
le détergent
መጽረዪ
le four
እቶን
le compartiment congélateur
መዝሓሊ በረድ
la poubelle
ጎሓፍ መገለል
le lave-vaisselle
መጽረዪ ኣቕሑ መግቢ

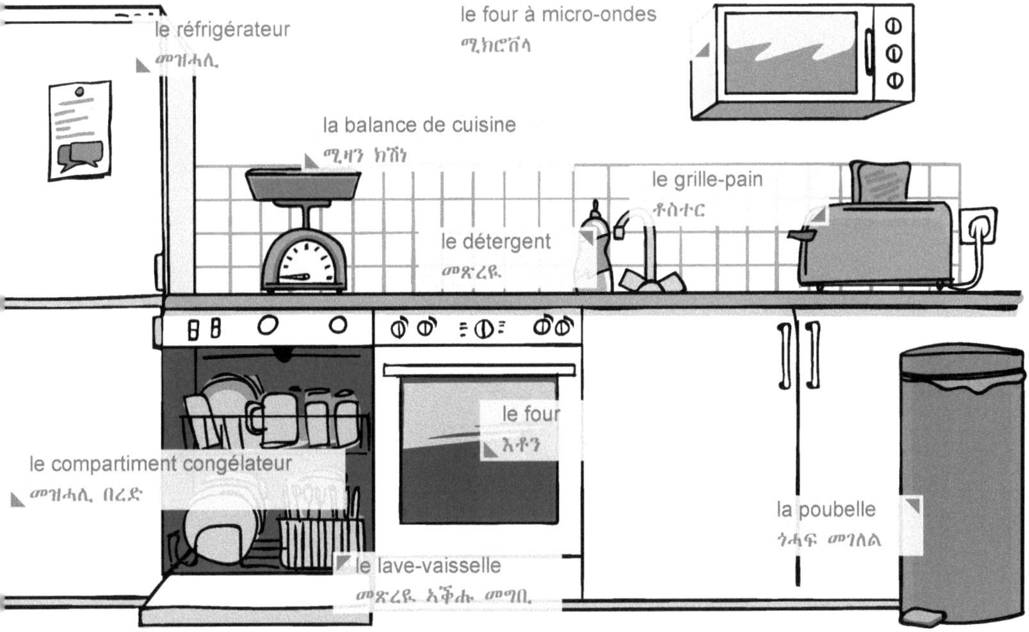

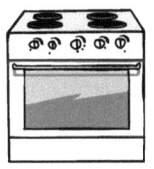

le four

መኽሸኒ

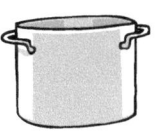

la casserole

ድስቲ

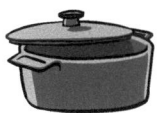

la marmite

ድስቲ ሓጺን

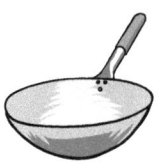

le wok / kadai

ቮክ/ካዳይ

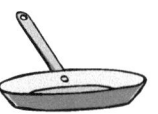

la poêle

ባደላ

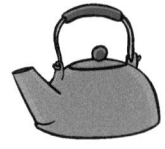

la bouilloire electrique

መውዓዪ ማይ

le cuiseur vapeur

መፍልሒ

la plaque de cuisson

ንንቴራ ምስንካት

la vaisselle

ኣቕሑ መግቢ

le gobelet

ብርጭቆ

la coupe

ጭሓሎ

les baguettes

ማንካቺና

la louche

ማንካ መረቕ

la spatule

መገልበጢ ባደላ

le fouet

መኹስተር ውርጪ

la passoire

መንፊት መግቢ

le tamis

መንፊት

la râpe

መፋሕፍሒ

le mortier

ሞርታር

le barbecue

ባርቢኪዮ

la cheminée

ስፍራ ሓዊ

la planche à découper

እንጨይቲ ምምታር

le rouleau à pâtisserie

እንጨይቲ ኩረር

le tire-bouchon

መኽፈት ቡሽ

la boîte

ታኒካ

l'ouvre-boîte

መኽፈቲ ታኒካ

les maniques

ጨርቂ ድስቲ

le lavabo

ቡምባ

la brosse

ኣስባስላ

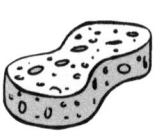

l'éponge

ሰፍነግ

le mixeur

ሓዋሲ ኣደባላቒ

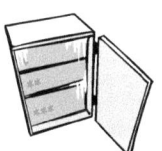

le congélateur

መዝሓሊ በረድ

le biberon

ጥርሙዝ ማማይ

le robinet

ቡምባ ማይ

la salle de bain

ክፍሊ ባንዮ

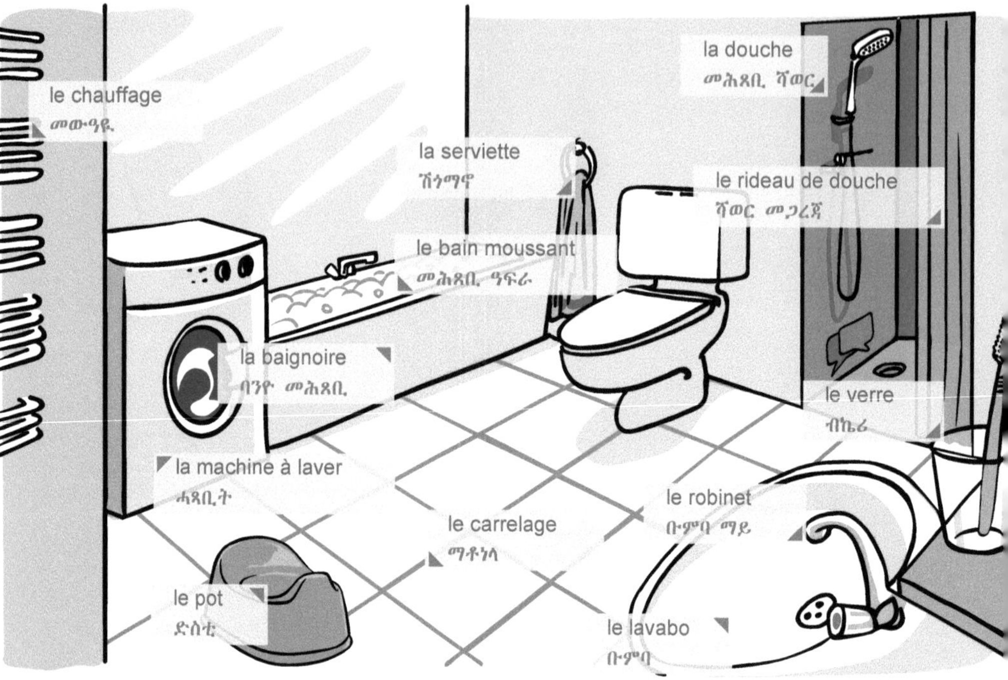

la douche
መሕጸቢ ሻወር
le chauffage
መውዓዪ
la serviette
ሽጎማኖ
le rideau de douche
ሻወር መጋረጃ
le bain moussant
መሕጸቢ ዓፍራ
la baignoire
ባንዮ መሕጸቢ
le verre
ብኬሪ
la machine à laver
ሓጻቢት
le robinet
ቡምባ ማይ
le carrelage
ማቶንላ
le pot
ድስቲ
le lavabo
ቡምባ

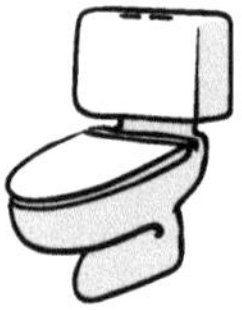

les toilettes

ሽቓቕ

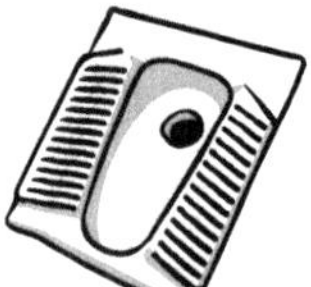

la toilette à la turque

ሽቓቕ ኮፍ

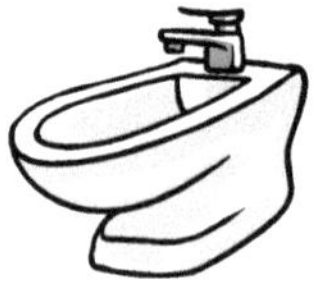

le bidet

በዴ

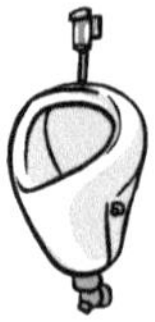

l'urinoir

ሽቃቕ ተባዕታይ

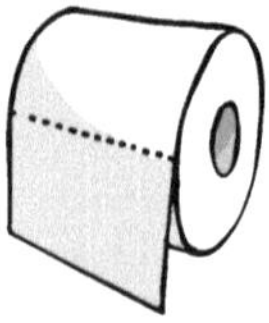

le papier toilette

ወረቐት ሽቓቕ

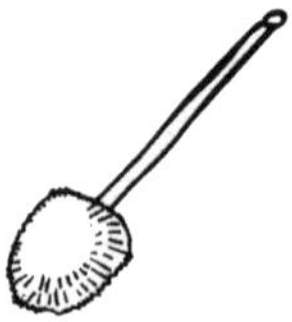

la brosse à toilette

ኣስባስላ ሽቓቕ

la brosse à dents

አስባስላ ስኒ

le dentifrice

ክሬማ ስኒ

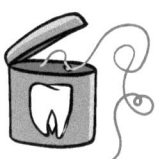

le fil dentaire

ሃሪ ስኒ

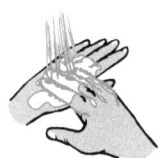

laver

ሓጸብ

la douche manuelle

ዱሽ ኢ.ድ

la douche intime

ዱሽ

la vasque

ብርጭቆ ምሕጸብ

la brosse dorsale

አስባስላ ሕቖ

le savon

ሳምና

le gel douche

ሻወር ጀል

le shampooing

ሻምፑ

le gant de toilette

ጨርቂ መሕጸቢ.

l'écoulement

መውሓዚ

la crème

ክሬማ

le déodorant

ደዮ ጨና

le miroir

መስትያት

le miroir cosmétique

ናይ ኢድ መስትያት

le rasoir

መላጸ

la mousse à raser

ዓፍራ ምልጻይ

l'après-rasage

ጨና ድሕሪ ምልጻይ

la peigne

መመሸጥ

la brosse

ኣስባስላ

le sèche-cheveux

መንቐጺ ጸግሪ

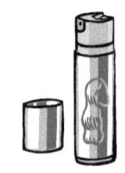

la laque pour cheveux

ስፕረይ ጸግሪ

le fond de teint

መመላኽዒ

le rouge à lèvres

ብርዒ ቀለም ከንፈር

le vernis à ongles

ኣዝማልቶ

l'ouate

ጸምሪ ጡጥ

le coupe-ongles

መስደዲ ጽፍሪ

le parfum

ጨና

la trousse de toilette

ሳንጣ መሕጸቢ.

le tabouret

ድኳ

le pèse-personne

ሚዛን

le peignoir

ክዳን መሕጸቢ.

les gants de nettoyage

ጓንቲ መጸረዪ.

le tampon

ታምፖን

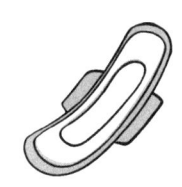

les serviettes hygiéniques

ጨርቂ ሰበይቲ

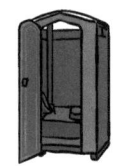

la toilette chimique

ሽቓቕ ከሚስትሪ

la chambre d'enfant

ክፍሊ ቆልዑ

le réveil
ኣላርም
መተስኢ
le doudou
መጻወቲ እንስሳ
la voiture jouet
መጻወቲ መኪና
le hochet
ኳሕኳሕ መበሊ
la maison de poupée
ቤት ባምቡላ
le cadeau
ህያብ

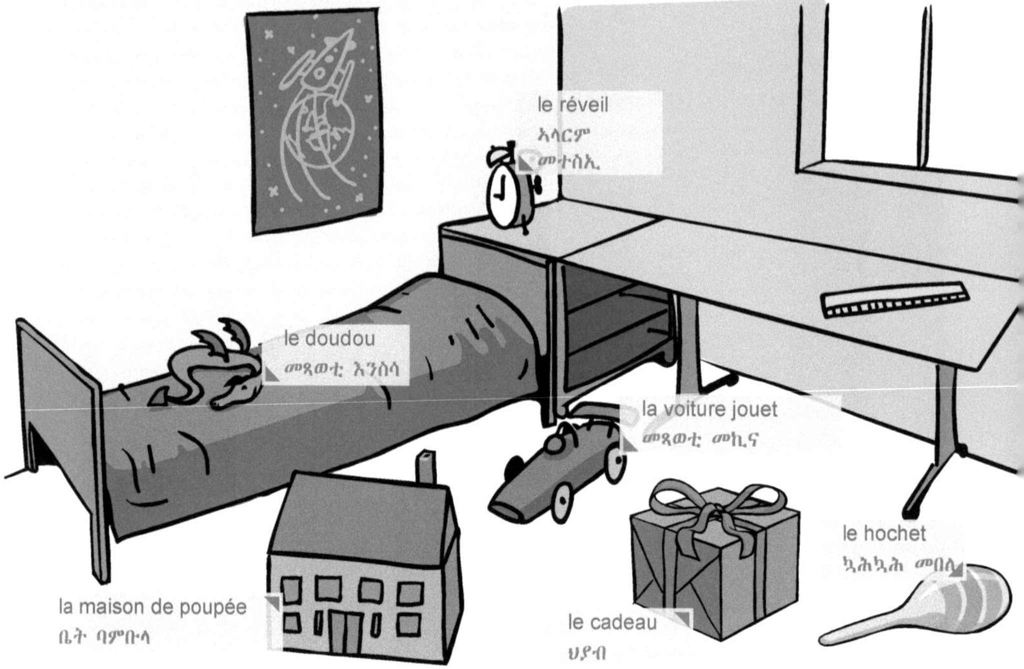

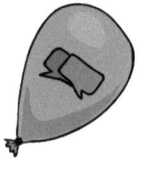

le ballon
ባላንችና

le lit
ዓራት

la poussette
ሰረገላ ህጻን

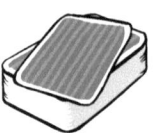

le jeu de cartes
ጸወታ ካርታ

le puzzle
ሕንቅሊተይ

SUPER
MEGA

la bande dessinée
ኮሚዲ

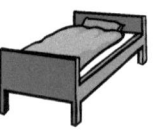

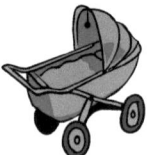

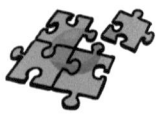

les pièces lego   les blocs de construction   la figurine

እምንታት መጻወቲ ለጎ   መጻወቲ እምንታት   በዓል አክቶን

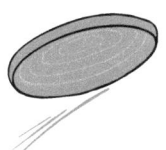
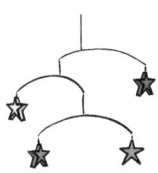

la grenouillère   le frisbee   le mobile

ክዳን ማማይ   ፍሪስቢ   ሞባይል ማማይ

le jeu de société   le dé   le train miniature

ጸወታ ሰሌዳ   ኩብ   ሞደል ባቡር ምድሪ

la sucette   la fête   le livre d'images

ዓባስ   ፓርቲ   መጽሓፍ ስእሊ

la balle   la poupée   jouer

ኩዕሶ   ባምቡላ   ተጻወተ

le bac à sable

መጻወቲ ሑጻ

la balançoire

ሰላል

les jouets

መጻወቲታት

la console de jeu

ኮንሶል ቪድዮ

le tricycle

መጻወቲ ሰለስተ መንኮርኮር

l'ours en peluche

ተዲ

l'armoire

ከብሒ. ክዳን

les vêtements

ክዳን

les chaussettes

ካልስታት

les bas

ነዊሕ ካልስታት

le collant

ስረ ካልሲ.

l'écharpe
ሻርባ

le parapluie
ጽላል

le t-shirt
ማልያ

la ceinture
ቁልፊ

les baskets
ስኒከርስ

les bottes
ረፋዕ

les pantoufles
ጫማ ገዛ

les sandales
ሽበጥ

les chaussures
ጫማ

les bottes de caoutchouc
ረፋዕ ጎማ

les sous-vêtements
ሙታንታ

le soutien-gorge
ክዳን ጡብ

le maillot de corps
ትሕተ ካሚቻ

le body

ቦዲ

le pantalon

ስሪ

le jean

ጂንስ

la jupe

ቀምሽ

le chemisier

ካምቻ

la chemise

ካሚቻ

le pull

ጉልፍ

le sweat à capuche

ጎልፍ

la veste

ጃኬት

la veste

ጃከት

le manteau

ጁባ

l'imperméable

ክዳን ዝናብ

le costume

ኮስቱም

la robe

ቀምሽ

la robe de mariée

ቀምሽ መርዓ

le costume

ልብሲ.

la chemise de nuit

ካሚቻ ለይቲ

le pyjama

ክዳን ለይቲ

le sari

ሳሪ

le foulard

መሃረብ ርእሲ.

le turban

ቱርባን

la burqa

ቡርካ

le caftan

ካፍታን

l'abaya

አባያ

le maillot de bain

ክዳን መሕምበሲ.

le maillot de bain

ስረ መሕምበሲ.

le short

ሓጺር ስረ

la tenue d'entraînement

ክዳን ታዕሊ.ም

le tablier

በጃ ክዳን

les gants

ጓንቲ

le bouton

መልጎም

les lunettes

መነጽር

le bracelet

በንናጅር

le collier

ማዕተብ

la bague

ቀለበት

la boucle d'oreille

ኩትሻ

le bonnet

ቆብዕ

le cintre

መንበሪ ጁባ

le chapeau

ባርኔጣ

la cravate

ካራቫት

la fermeture éclair

ሻርነጣ

le casque

ሀልመት

les bretelles

መድልደል ስረ

l'uniforme scolaire

ድቢዛ ቤት ትምህርቲ

l'uniforme

ድቢዛ

le bavoir

ስደርያ ቆልዓ

la sucette

ዓባስ

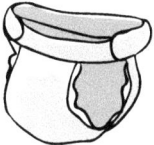

la lange

ጨርቂ ማማይ

le bureau

ቤት ጽሕፈት

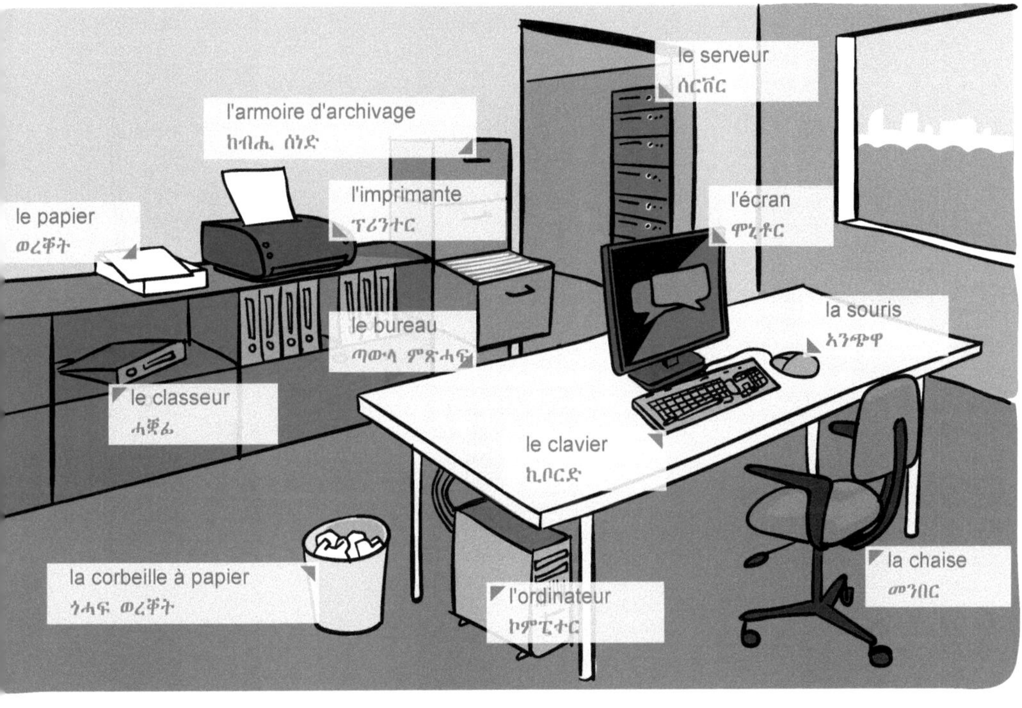

le serveur
ሰርቨር

l'armoire d'archivage
ከብሒ ሰነድ

l'imprimante
ፕሪንተር

l'écran
ሞኒቶር

le papier
ወረቐት

la souris
ኣንጭዋ

le bureau
ጣውላ ምጽሓፍ

le classeur
ሓፃሪ

le clavier
ኪቦርድ

la chaise
መንበር

la corbeille à papier
ጐሓፍ ወረቓት

l'ordinateur
ኮምፒተር

la tasse de café

ብርጭቆ ቡን

la calculatrice

ካልኩለተር

l'internet

ኢንተርነት

l'ordinateur portable
....
ላፕቶፕ

la lettre
....
ደብዳበ

le message
....
መልእኽቲ

le portable
....
ሞባይል

le réseau
....
ነትወርክ/መርበብ

la photocopieuse
....
መቕድሒ ፎቶኮፒ

le logiciel
....
ሶፍትዌር

le téléphone
....
ተለፎን

la prise
....
ሶከት ኣረንቲ

le fax
....
ፋክስ

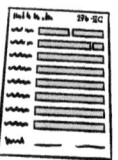

le formulaire
....
ፎርም

le document
....
ሰነድ

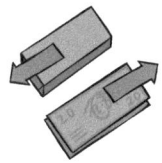

acheter

ገግአ

payer

ከፈለ

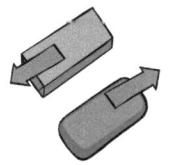

faire du commerce

ንግዱ

la monnaie

ገንዘብ

le dollar

ዶላር

l'euro

አዩሮ

le yen

የን

le rouble

ሩብል

le franc suisse

ስዊዝ ፍራንክን

le renminbi yuan

ረንሚንቢ ዩዋን

la roupie

ሩፐየ

le distributeur automatique

መውጽኢ ማሽን ገንዘብ

le bureau de change

በታ ቅያር ገንዘብ

l'or

ወርቂ

l'argent

ብሩር

le pétrole

ዘይቲ

l'énergie

ሓይሊ

le prix

ዋጋ

le contrat

ውዕል

la taxe

ቀረጽ

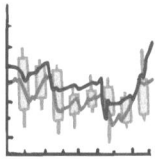

l'action

እኩብ ጥረ-ነገራት

travailler

ሰርሐ

l'employé

ሰራሕተኛ

l'employeur

አስራሒ

l'usine

ትካል

le magasin

ዱኳን

les professions

ሞያታት

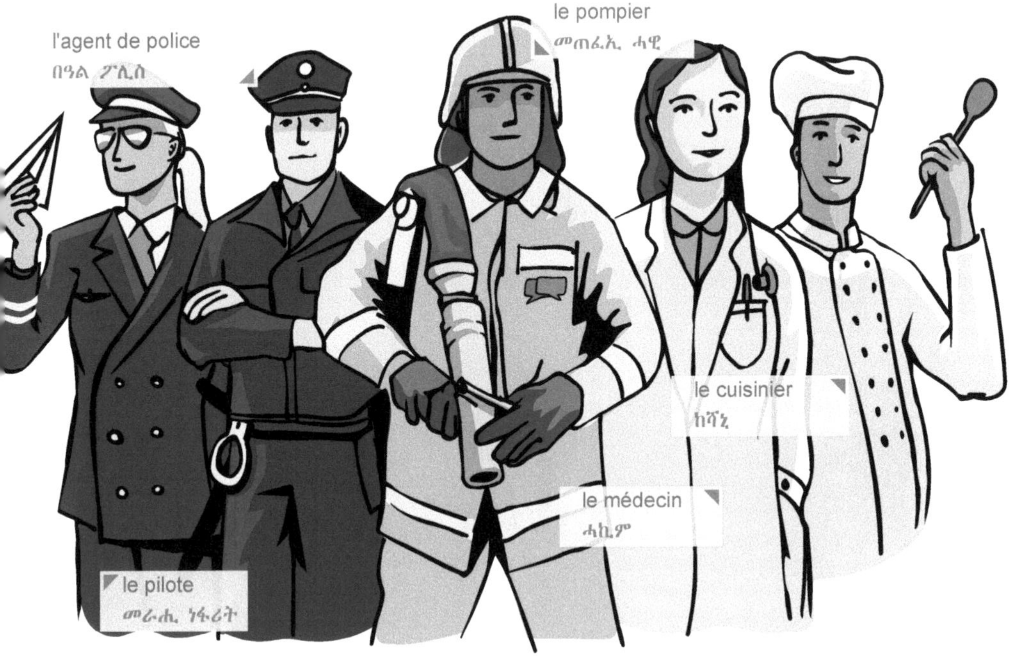
l'agent de police
በዓል ፖሊስ
le pompier
መጠፊኢ ሓዊ
le cuisinier
ከሻኒ
le médecin
ሓኪም
le pilote
መራሒ ነፋሪት

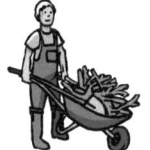

le jardinier

ሰራሕተኛ ጀርዲን

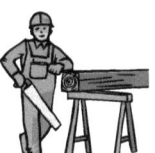

le menuisier

ጻራቢ ዕንጸይቲ

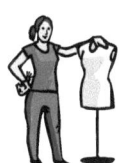

la couturière

ሰፋይት

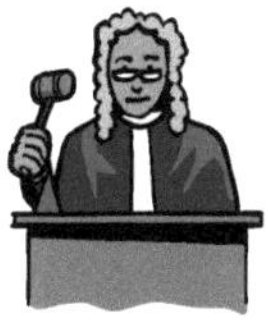

le juge

ፈራዳይ

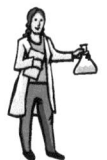

le chimiste

ቀማሚ

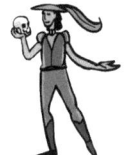

l'acteur

ተዋሳኢ

le conducteur de bus

መራሒ አዉቶቡስ

le chauffeur de taxi

አዉቲስታ ታክሲ.

le pêcheur

ገፋፊ ዓሳ

la femme de ménage

ጸራጊት

le couvreur

ሃናጻይ ናሕሲ.

le serveur

አሰላፊ

le chasseur

ሃዳናይ

le peintre

ሰኣላይ

le boulanger

እንዳ ሕብስቲ

l'électricien

ኤለትሪከኛ

l'ouvrier

ሃናጺ አባይቲ

l'ingénieur

ሃንዲስ.

le boucher

ሰራሕተኛ እንዳ ስጋ

le plombier

ድራብሊኮ

le facteur

አማላላሲ ፖስጣ

le soldat

ወተሃደር

l'architecte

መሃንድስ

le caissier

ተሓዝ ገንዘብ

le fleuriste

ሰራሕተኛ ዕምባባ

le coiffeur

ቀምቃማይ

le contrôleur

ፈተሪና

le mécanicien

መካኒክ

le capitaine

መራሒ መርከብ

le dentiste

ሓኪም ስኒ

le scientifique

ተመራማሪ

le rabbin

ራቢ

l'imam

ኢማም

le moine

ፈላሲ

le prêtre

ቀሺ

les outils

ናውቲ

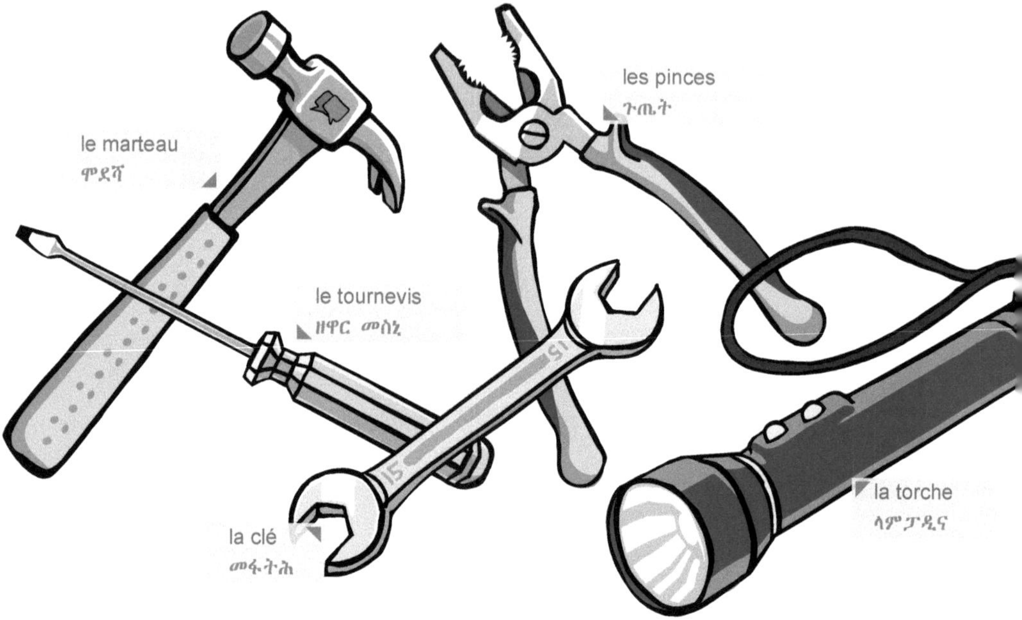

les pinces
ጉጠት
le marteau
ሞደሻ
le tournevis
ዘዋር መስኒ
la torche
ላምፓዲና
la clé
መፋትሕ

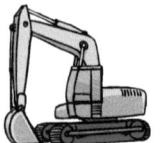

la pelleteuse

ፈሓሪ

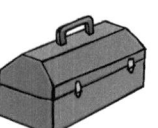

la boîte à outils

ናውቲ ቦክስ

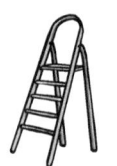

l'échelle

መደያይቦ

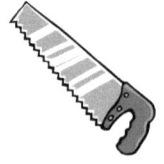

la scie

መጋዝ

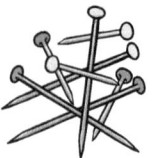

les clous

መስማር

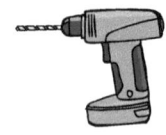

la perceuse

ኩዓቲ

réparer

ም ዕ ራ ይ

la pelle

ባ ደ ላ

Mince !

አ ይ !

la pelle

መ ት ሓ ዚ ዶ ር ና

le pot de peinture

ድ ስ ቲ ቀ ለ ም

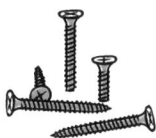

les vis

ካ ቻ ቢ ተ

les instruments de musique

መ ሳ ር ሒ ሙ ዚ ቃ

le haut-parleurs
እ ስ ፒ ከ ር

la batterie
ከ በ ሮ ታ ት

la contrebasse
ረ ጉ ድ ዓ ባ ይ ጊ ታ ር

la trompette
ት ር ም ፐ ት

la guitare
ጊ ታ ር

le piano

ፒ.ያኖ

le violon

ቪዮሊ.ን

la basse

ባስ ጊታር

les timbales

ቲ.ምንእ.

le tambour

ከቦሮ

le piano électrique

ኦር.ጋን

le saxophone

ሳክሶፎን

la flûte

ሻም.ብቆ

le microphone

ሚ.ክሮፎ.ን

les instruments de musique - መሳርሒ. ሙ.ዚ.ቃ

le zoo

መካነ እንስሳታት

l'entrée
መእተዊ

le tigre
ነብሪ

la cage
ጎብያ

le zèbre
አድጊ በረኻ

l'alimentation animale
መግቢ እንስሳ

le panda
ፓንዳ

les animaux

እንስሳታት

l'éléphant

ሓርማዝ

le kangourou

ካንጋሩ

le rhinocéros

ሓሪሽ

le gorille

ጉሪላ

l'ours

ድቢ

le chameau

ገመል

l'autruche

ሰጎን

le lion

አንበሳ

le singe

ህብይ

le flamand rose

ፍላሚንጎ

le perroquet

ሕንጸይ

l'ours polaire

ድቢ በረድ

le pingouin

ፐንጉን

le requin

ከልቢ ዓሳ

le paon

ጣውስ

le serpent

ተመን

le crocodile

ሓርጸ

le gardien de zoo

ሓላዊ ቤት ገርድሽ

le phoque

ዓሳ ዚምገብ እንስሳ ባሕሪ

le jaguar

ጃጓር

le poney

ሓጺር ፈረስ

le léopard

ነብሪ

l'hippopotame

ጉማሪ

la girafe

ጂራፍ

l'aigle

ሲላ

le sanglier

መፍለስ

le poisson

ዓሳ

la tortue

ጎብየ

le morse

ዋልሩስ

le renard

ወኻርያ

la gazelle

ሰስሓ

l'american Football
ናይ አሜሪካ ኩዕሶ እግሪ

le cyclisme
ምዝዋር ብሽግለታ

le tennis
ተኒስ

le basket-ball
ባስከትባል

la natation
ምሕምባስ

la boxe
ቦክሲንግ

le hockey sur glace
ሆኪ በረድ

le football
....
ኩዕሶ እግሪ

le badminton
....
ባድሚንተን

l'athlétisme
....
እስፖርታዊ ንጥፈታት

le handball
....
ኩዕሶ ኢድ

le ski
....
ስኪ

le polo
....
ፖሎ

rire
ሰሓቓ

sauter
ነጠረ

embrasser
ሓቖፈ

marcher
ከደ

chanter
ደረፈ

rêver
ሓለመ

prier
ጸለየ

faire la bise
ሰዓመ

écrire
ጸሓፈ

dessiner
ሰኣለ

montrer
ኣርኣየ

pousser
ደፍአ

donner
ሃበ

prendre
መሰደ

avoir

አለው

faire

ገበረ

être

ኮነ

être debout

ጠጠው በለ

courir

ጎየየ

trier

ሰሓበ

jeter

ሰንደወ

tomber

ወደቐ

être couché

ሓሰወ

attendre

ተጸበየ

porter

ሰከም

être assis

ኮፍ በለ

s'habiller

ተኸድነ

dormir

ደቀሰ

se réveiller

ተስአ

regarder

ረኣየ

pleurer

በኸየ

caresser

ብኣጻብዑ ደረዘ

peigner

መሸጠ

parler

ተዛረበ

comprendre

ተረድአ

demander

ሓተተ

écouter

ሰምዐ

boire

ሰተየ

manger

በልዐ

ranger

አቐመጠ

aimer

አፍቀረ

cuire

ከሸነ

conduire

ዘወረ

voler

ነፈረ

faire de la voile

ብመርከብ ገየሽ

calculer

ደመረ

lire

አንበበ

apprendre

ተመሃረ

travailler

ሰርሐ

se marier

መርዓወ

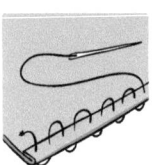

coudre

ሰፈየ

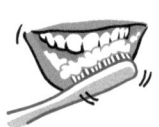

brosser les dents

ጽሬት አስናን

tuer

ቀተለ

fumer

ሽጋራ ተከኸ

envoyer

ሰደደ

grand-mère
ዓባይ

le grand-père
ኣቦሓጎ

le père
ኣቦ

la mère
ኣደ

le bébé
ማማይ

la fille
ጓል

le fils
ወዲ

l'hôte
ጋሻ

la tante
ሓትኖ

l'oncle
ኣኮ

le frère
ሓው

la sœur
ሓፍቲ

le corps

ኣካላት

le front
ግንባር
l'œil
ዓይኒ
l'épaule
መንኩብ
le doigt
ኣጻብዕ
le visage
ገጽ
le menton
መንከስ
la main
ኢድ
la jambe
ሽፋን እግሪ
la poitrine
ኣፍ-ልቢ
le bras
ምናት

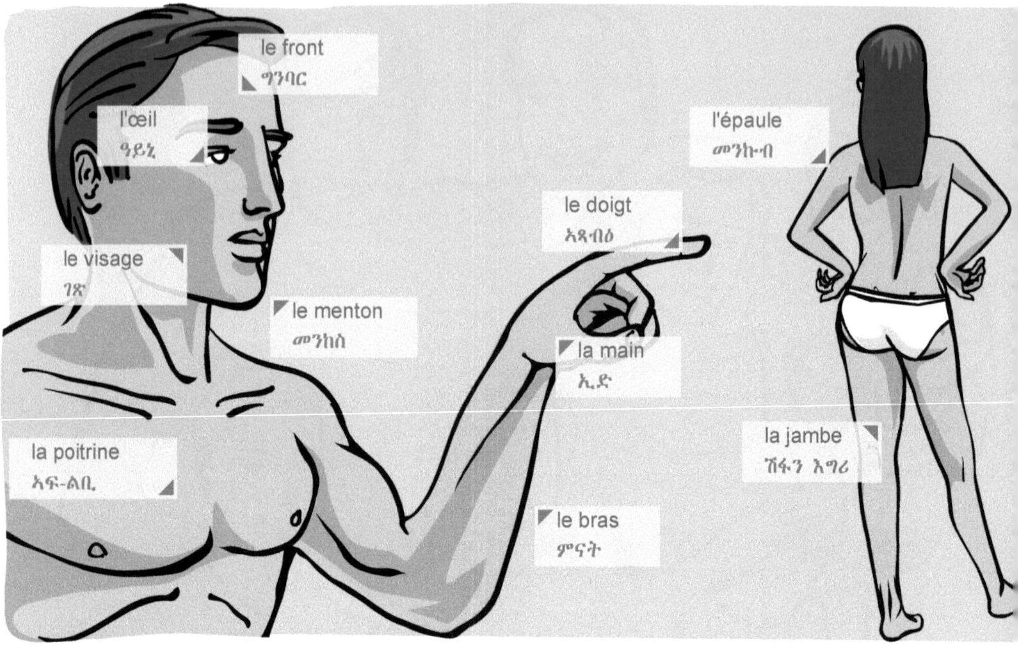

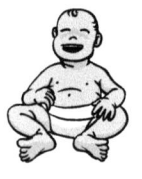

le bébé
ማማይ

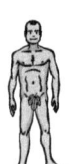

l'homme
ሰብኣይ

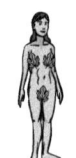

la femme
ሰበይቲ

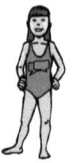

la fille
ጓል

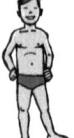

le garçon
ወዲ

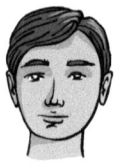

la tête
ርእሲ

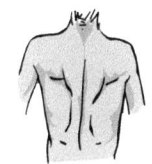

le dos

ሕቖ

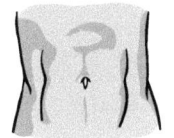

le ventre

ከስዐ

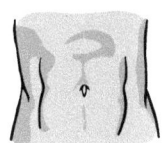

le nombril

ሕምብርቲ

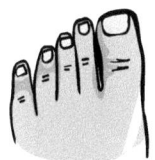

l'orteil

ኣጻብዕ እግሪ

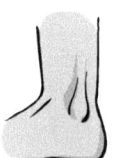

le talon

ኩርኵረ

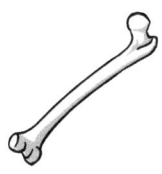

l'os

ዓጽሚ

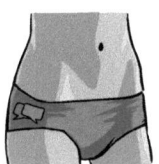

la hanche

ምሕኩልቲ

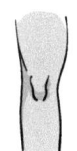

le genou

ብርኪ

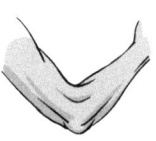

le coude

ፍግፍጕ

le nez

ኣፍንጫ

les fesses

መዓኮር

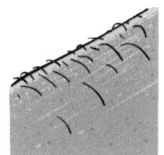

la peau

ቆርበት

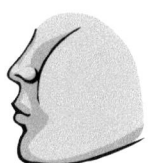

la joue

ምዕጉርቲ

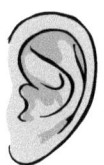

l'oreille

እዝኒ

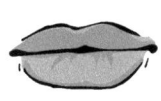

la lèvre

ከንፈር

le corps - ኣካላት   69

la bouche

አፍ

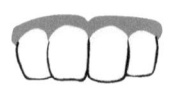

la dent

ስኒ

la langue

መልሓስ

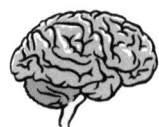

le cerveau

ሓንጎል

le cœur

ልቢ.

le muscle

ጭዋዳ

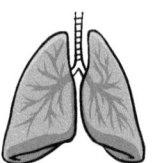

les poumons

ሳንቡእ

le foie

ጸላም ከብዲ

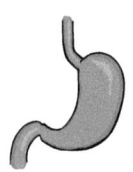

l'estomac

ከብዲ

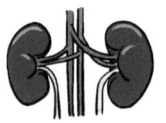

les reins

ኩሊት

le rapport sexuel

ግብረ ስጋ

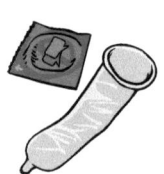

le préservatif

ኮንዶም

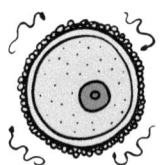

l'ovule

እንቋቍሓ

le sperme

ዘርኢ ተባዕታይ

la grossesse

ጥንሲ

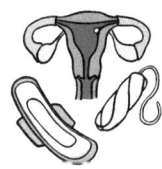

la menstruation

ጽግያት

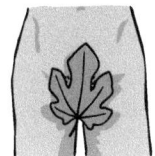

le vagin

ርሕሚ

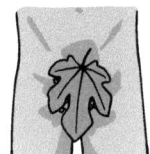

le pénis

መትሎ

le sourcil

ሸፋሸፍቲ

les cheveux

ጸጉሪ

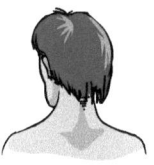

le cou

ክሳድ

le corps - ኣካላት   71

l'hôpital
ሆስፒታል

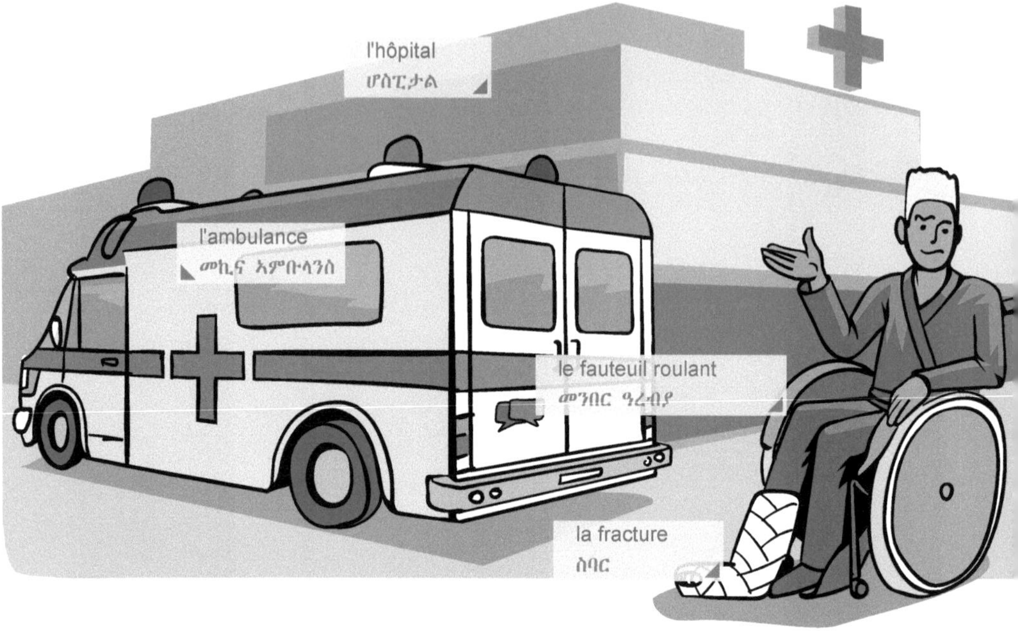

l'hôpital
ሆስፒታል
l'ambulance
መኪና ኣምቡላንስ
le fauteuil roulant
መንበር ዓረብያ
la fracture
ስባር

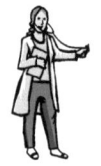

le médecin
....
ሓኪም

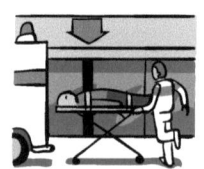

le service des urgences
....
ክፍሊ ህጹጽ ረድኤት

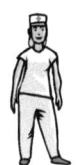

l'infirmière
....
ኣላይት

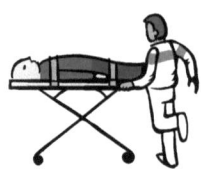

l'urgence
....
ህጹጽ ኩነት

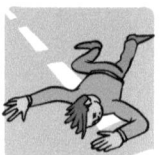

inconscient
....
ውነኡ ዘጥፍአ

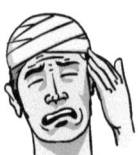

la douleur
....
ቃንዛ

la blessure

ጉድኣት

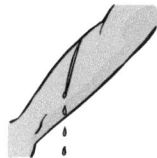

l'hémorragie

ደም

la crise cardiaque

ማህረምቲ

l'attaque cérébrale

ማህረምቲ

l'allergie

ኣለርጂ

la toux

ሰዓል

la fièvre

ረስኒ

la grippe

ኡንፍልወንዛ

la diarrhée

ውጽኣት

le mal de tête

ቃንዛ ርእሲ

le cancer

መንሽሮ

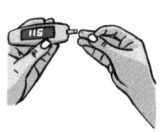

le diabète

ሹኮርያ

le chirurgien

ሓኪም መጥባሕቲ

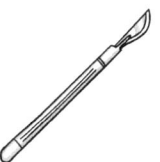

le scalpel

መጥብሒ

l'opération

መጥባሕቲ

l'hôpital - ሆስፒታል   73

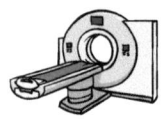

le CT

CT

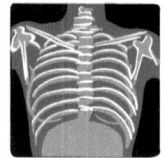

la radiographie

ራጃ

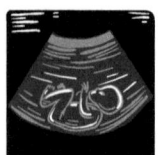

l'échographie

ልዕለ ድምጻዊ

le masque

መሸፈኒ ገጽ

la maladie

ሕማም

la salle d'attente

ክፍሊ ምጽባይ

la béquille

ምርኩስ

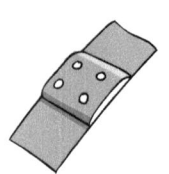

le pansement

መጀነኒ ቍስሊ

le pansement

መጀነኒ

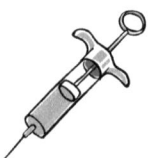

l'injection

መርፍዕ ምውጋእ

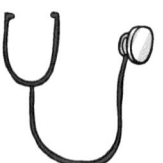

le stéthoscope

ስተቶስኮፕ

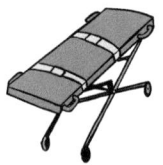

le brancard

መሰከሚ ሕማም

le thermomètre

ቴርሞመተር

l'accouchement

ትውልዲ

la surcharge pondérale

ልዕለ-ሚዛን

l'appareil auditif

ሓገዝ ምስማዕ

le désinfectant

ኣንጻሂ

l'infection

ልበዳ

le virus

ቫይረስ

le VIH / le sida

ኤድስ

le médicament

ሕክምና

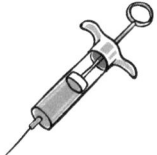

la vaccination

ክታብ

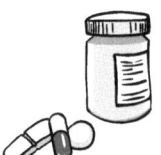

les comprimés

ክኒና

la pilule

ክኒና

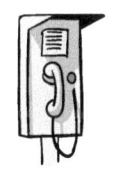

l'appel d'urgence

ህጹጽ ምድዋል

le tensiomètre

መዕቀኒ ጸቕጢ ደም

malade / sain

ሕሙም / ጥዑይ

Au secours !

ሓገዝ

l'alarme

አላርም

l'assaut

ምህጃም

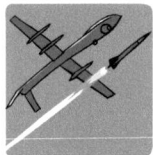

l'attaque

መጥቃዕቲ

le danger

ድንገት

la sortie de secours

ህጹጽ መውጽኢ

Au feu!

ሓዊ!

l'extincteur

መጥፍኢ ሓዊ

l'accident

ሓደጋ

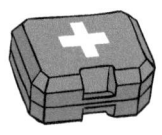

la trousse de premier
secours

ሳንጣ ቀዳማይ ረድኤት

SOS

SOS

la police

ፖሊስ

l'Europe

ኤውሮጳ

l'Amérique du Nord

ሰሜን አመሪካ

l'Amérique du Sud

ደቡብ አመሪካ

l'Afrique

አፍሪቃ

l'Asie

ኤስያ

l'Australie

አውስትራልያ

l'Océan atlantique

አትላንቲክ

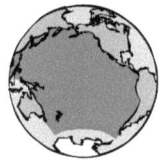

l'Océan pacifique

ፓሲፊክ

l'Océan indien

ህንዳዊ ዉቕያኖስ

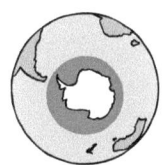

l'Océan antarctique

አንታርቲካዊ ዉቕያኖስ

l'Océan arctique

አርክቲካዊ ዉቕያኖስ

le Pôle nord

ሰሜናዊ ዋልታ

le Pôle sud

ደቡባዊ ዋልታ

l'Antarctique

አንታርቲካ

la terre

ምድሪ

le pays

መሬት

la mer

ባሕሪ

l'île

ደሴት

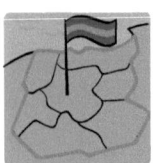

la nation

ሃገር

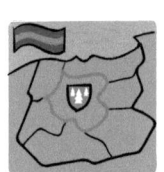

l'état

ዓዲ

la terre - ምድሪ

le cadran

ገጽ ሰዓት

l'aiguille des heures

አመልካቲ ሰዓታት

l'aiguille des minutes

አመልካቲ ደቓይቕ

l'aiguille des secondes

አመልካቲ ካልኢት

Quelle heure est-il ?

ሰዓት ክንደይ አሎ?

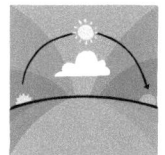

le jour

መዓልቲ

le temps

ግዜ

maintenant

ሕጂ

la montre digitale

ዲጂታል ሰዓት

la minute

ደቒቕ

l'heure

ሰዓት

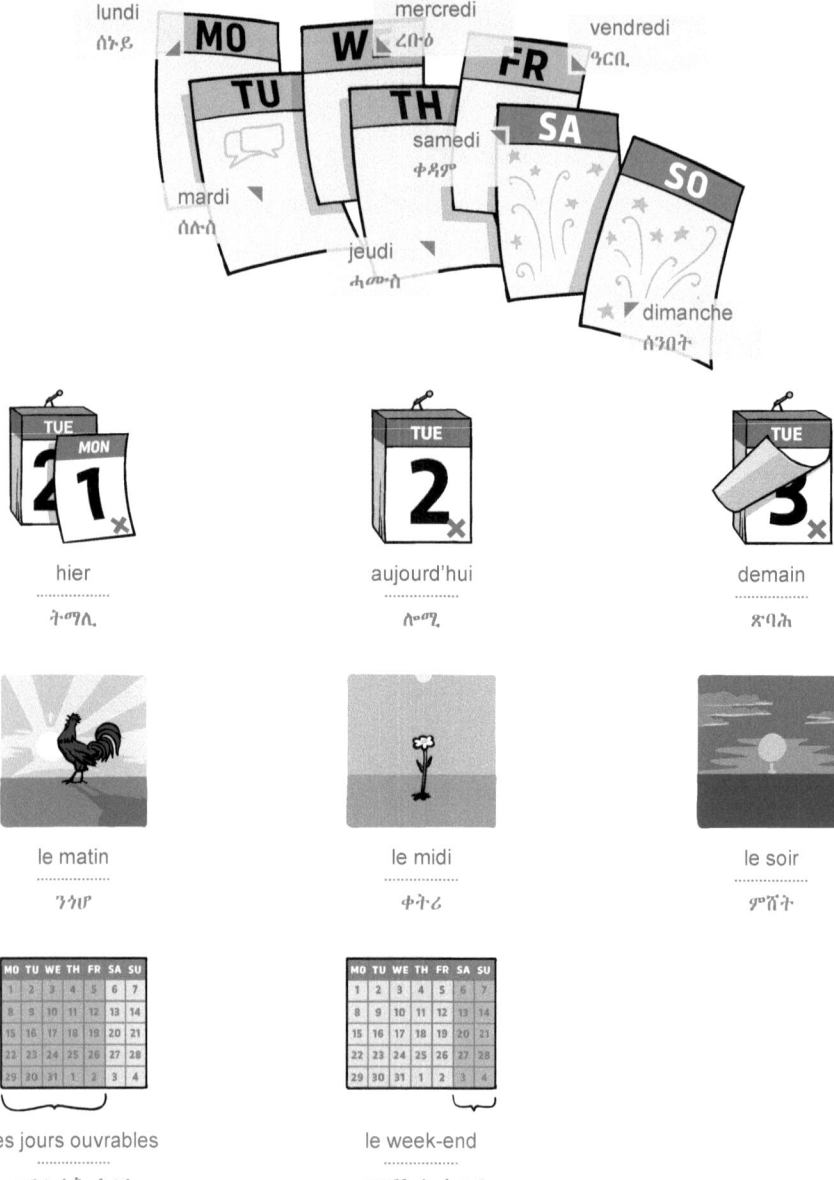

lundi
ሰኑይ

mercredi
ረቡዕ

vendredi
ዓርቢ

samedi
ቀዳም

mardi
ሰሉስ

jeudi
ሓሙስ

dimanche
ሰንበት

hier
ትማሊ

aujourd'hui
ሎሚ

demain
ጽባሕ

le matin
ንጎሆ

le midi
ቀትሪ

le soir
ምሸት

les jours ouvrables
መዓልታት ስራሕ

le week-end
መወዳእታ ሰሙን

l'arc-en-ciel
ቀስተ-ደመና

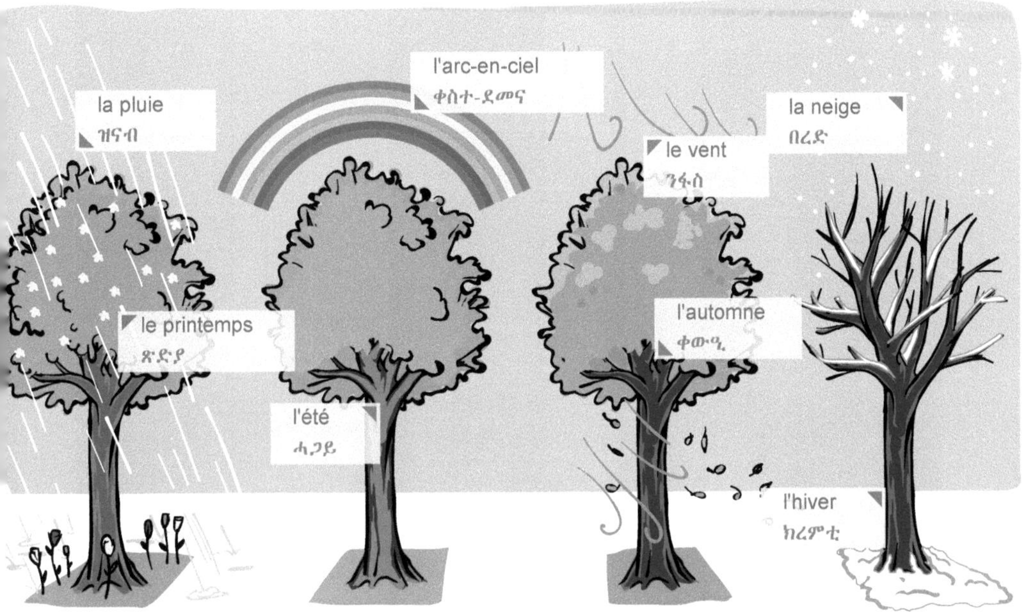

la pluie
ዝናብ

le vent
ንፋስ

la neige
በረድ

le printemps
ጸድያ

l'automne
ቀውዒ

l'été
ሓጋይ

l'hiver
ክረምቲ

	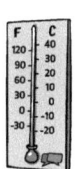
la météo	le thermomètre
ትንቢት ኩነታት አየር	ቴርሞመተር

la lumière du soleil

ብርሃን ጸሓይ

le nuage	le brouillard
ደበና	ግሙ

l'humidité

ጠሊ

la foudre

ብርቂ

la tonnerre

ነጉዳ

la tempête

ህቦብላ

la grêle

በረድ

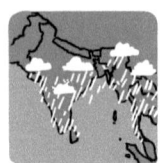

la mousson

ብርቱዕ ህቦብላ

l'inondation

ውሕጅ

la glace

በረድ

janvier

ጥሪ

février

ለካቲት

mars

መጋቢት

avril

ሚያዝያ

mai

ጉንበት

juin

ሰነ

juillet

ሓምለ

août

ነሓሰ

l'année - ዓመት

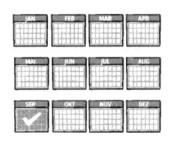

septembre
....
መስከረም

octobre
....
ጥቅምቲ

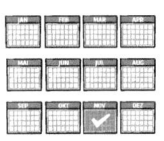

novembre
....
ሕዳር

décembre
....
ታሕሳስ

le cercle
....
ዙርያ

le carré
....
ትርብዒት

le rectangle
....
ቅኑዕ ርቡዕ ኵርናዕ

le triangle
....
ስሉስ ኵርናዕ

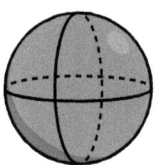

la sphère
....
ክቢ.

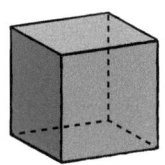

le cube
....
ኩቦ

les formes - ቅርጻታት   83

blanc

ጸዕዳ

jaune

ብጫ

orange

ኣራንሺ

rose

ፒንክ

rouge

ቀይሕ

violet

ጁኽ

bleu

ሰማያዊ

vert

ቀጠልያ

marron

ቡናዊ

gris

ሓሙኽሽታይ

noir

ጸሊም

beaucoup / peu

ብዙሕ / ውሑድ

fâché / calme

ሕሩቕ / ሰላማዊ

joli / laid

ጽቡቕ / ክፉእ

le début / la fin

መጀመርያ / መወዳእታ

grand / petit

ዓቢ / ንእሽቶ

clair / obscure

ብሩህ / ጸልማት

frère / soeur

ሓው / ሓፍት

propre / sale

ጽሩይ / ርሳሕ

complet / incomplet

ምሉእ / ዘይምሉእ

le jour / la nuit

መዓልቲ / ለይቲ

mort / vivant

ሙዉት / ህልው

large / étroit

ሰፊሕ / ጸቢብ

comestible / incomestible

ደስ ዘበል / ደስ ዘይብል

méchant / gentil

እኩይ / ህያዋይ

excité / ennuyé

ርቡጽ / ስልኩይ

gros / mince

ረጊድ / ቀጢን

le premier / le dernier

ቀዳማይ / ናይ መወዳእታ

l'ami / l'ennemi

ዓርኪ / ጸላኢ

plein / vide

ምሉእ / ባዶ

dur / souple

ተሪር / ልስሉስ

lourd / léger

ከቢድ / ፈኲስ

faim / soif

ጥምየት / ጽምየት

malade / sain

ሕሙም / ጥዑይ

illégal / légal

ዘይሕጋዊ / ሕጋዊ

intelligent / stupide

መስተውዓሊ / ስዲ

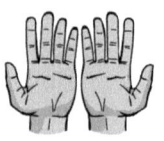

gauche / droite

ጸጋም / የማን

proche / loin

ቀረባ / ርሑቕ

nouveau / usé

ሓዲሽ / ብሉይ

rien / quelque chose

ዋላ ሓደ / ገለ

vieux / jeune

ዓቢ/ኣረጊት / መንእሰይ

marche / arrêt

ወልዕ / ኣጥፍእ

ouvert / fermé

ክፉት / ዕጹው

faible / fort

ህዱእ / ዓው

riche / pauvre

ሃብታም / ድኻ

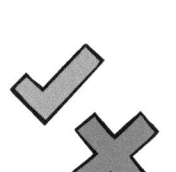

correct / incorrect

ቅኑዕ / ግጉይ

rugueux / lisse

ሓርፋፍ / ልሙጽ

triste / heureux

ጉሁይ / ሕጉስ

court / long

ሓጺር / ነዊሕ

lent / rapide

ቀስ / ቅልጡፍ

mouillé / sec

ጥሉል / ንቑጽ

chaud / froid

ምዉቕ / ዝሑል

la guerre / la paix

ውግእ / ሰላም

0

zéro

ዜሮ

1

un / une

ሓደ

2

deux

ክልተ

3

trois

ሰለስተ

4

quatre

ኣርባዕተ

5

cinq

ሓሙሽተ

6

six

ሽዱሽተ

7

sept

ሸውዓተ

8

huit

ሸሞንተ

9

neuf

ትሽዓተ

10

dix

ዓሰርተ

11

onze

ዓሰርተ ሓደ

12
douze
ዓሰርተ ክልተ

13
treize
ዓሰርተ ሰለስተ

14
quatorze
ዓሰርተ ኣርባዕተ

15
quinze
ዓሰርተ ሓሙሽተ

16
seize
ዓሰርተ ሽዱሽተ

17
dix-sept
ዓሰርተ ሸውዓተ

18
dix-huit
ዓሰርተ ሸሞንተ

19
dix-neuf
ዓሰርተ ትሽዓተ

20
vingt
ዕስራ

100
cent
ሚእቲ

1.000
mille
ሽሕ

1.000.000
le million
ሚልዮን

l'anglais

እንግሊዝኛ

l'anglais américain

አሜሪካዊ እንግሊዛዊ

le chinois mandarin

ቻይናዊ ማንዳሪን

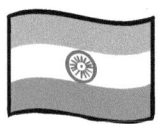

le hindi

ሂንዳዊ

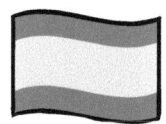

l'espagnol

እስጳኛዊ

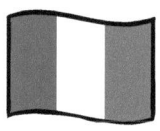

le français

ፈረንሳዊ

l'arabe

ዓረባዊ

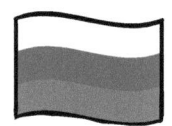

le russe

ሩሲያዊ

le portugais

ፖርቱጋላዊ

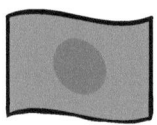

le bengali

በንጋሊ

l'allemand

ጀርመናዊ

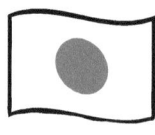

le japonais

ጃፓናዊ

je

አነ

tu

ንስኻ/ኺ.

il / elle / ce, c', cela

ንሱ / ንሳ / ንሱ

nous

ንሕና

vous

ንስኻ

ils / elles

ንሳቶም

Qui ?

መን?

Quoi ?

እንታይ?

Comment ?

ከመይ?

Où ?

አበይ?

Quand ?

መዓስ?

le nom

ሽም

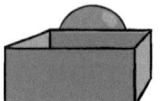

derrière

ድሕሪ

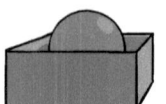

dans

ኣብ

devant

ኣብ ቅድሚ

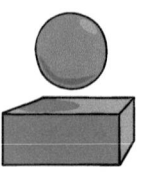

au-dessus

ኣብ ላዕሊ

sur

ኣብ ልዕሊ

en-dessous

ትሕቲ ምድሪ

à côté de

ኣብ ጥቓ

entre

ኣብ መንጎ

le lieu

ቦታ